U0060369

不生不滅：破碎的孤獨，比昂（Bion）苦苦尋找著心經的心聲？

邱錦榮、王明智、丁耕原、郭淑惠、葉安華、陳建佑、吳立妍、王盈彬、廖偉翔、黃守宏、李玉婷、劉玉文、邱高惠美、劉又銘、彭惠怡、尤韻涵、蔡榮裕／合著

【薩所羅蘭的山】

陳瑞君、王明智、許薰月、劉玉文、郭淑惠、何眞維

魏與晟、陳建佑、劉又銘、謝朝唐、王盈彬、

黃守宏、蔡榮裕

【薩所羅蘭的風】（年輕協力者）

彭明雅、白芮瑜、王慈襄、張博健

你將記得那變化莫測的溪谷，
在那兒甜甜的香氣上揚、顫動，
有時候飛來一隻鳥，穿著
水色和悠然：冬天的衣飾。

你將記得那些大地饋贈的禮物：
暴躁的芬芳，金黃的泥土，
灌木叢中的野草，瘋狂蔓生的樹根，
利如刀劍的奇妙荊棘。

你將記得你帶來的花束，
陰影與寂靜之水的花束，
彷彿綴滿泡沫的石頭般的花束。

那段時光似乎前所未有，又似乎一向如此：
我們去那裡，一無所求，
卻發現所有的東西都在那兒等候。

（陳黎 · 張芬齡合譯：聶魯達《一百首愛的十四行詩》之6）

序
不止歇地繼續思考

李玉婷

　　本次在蔡榮裕醫師的帶領下，能將對內在心靈的理解，進一步地與戲劇文本、經典著作連結，突破框架的思考令人讚嘆，同時也望塵莫及。在實務工作的現場，精神分析是最能幫助我貼近個案的思考方式，對我來說，這仍舊是一門需要投入許多時間與心力學習的學問，沒想到還在學習路上的自己，能有機會參與這樣的討論小組，對此我感到萬分榮幸，同時，也有些誠惶誠恐，願自己當前的所思所想，能對各位讀者有些許貢獻，也敦促自己能不止歇地繼續思考。

李玉婷

安境心理諮商所　所長

臺灣精神分析學會推薦治療師

中央大學／臺北商業大學兼任心理師

桃園市諮商心理師公會理事

目錄 CONTENTS

前言

　　將貝克特這兩部戲劇和心經，及比昂的臨床討論會的會後記錄，放一起來談，最終的目的是借由三種乍看不同的領域，拼在一起交流是否會有什麼有意義的想法會跑出來？那對寫者個人是項成就，然後再經由一天的集體討論和交流，也許再有新的觀點浮現。我們是以更著重這些交流，所引發的新意做為目標，而不全然是為了回憶，但是我們也會把我們的文字，整合成一本書做為未來的回憶。

　　這些回憶在未來會是什麼感受，是無法預測的，只是就覺得留下這時刻大家的想法，不論大家使用精神分析的理念，來看和談自己的工作經驗是有多久了，都有著重要的意義，而這更是期待對於未來新的人可以有所啟發。

　　另我們也相信，在讀過心經的現代版解讀後，各位會發現心經裡的理念，其實就算不覺得自己有仔細看過佛經，都可能會經驗到原來那些概念在台灣是根如此的深，而早就影響著我們自己，是如何吸引精神分析這些外來的語彙？也可以有機會發現，原來目前的精神分析取向之外的，其它治療模式的概念裡，也隱含著不少來自早已內化這塊土地的一些說詞了，歡迎大家一起來經驗這種驚訝感。

而在談論我們的書寫做爲記憶的想法時，有趣的是，這次工作坊裡貝克特的《克拉普的最後錄音帶》有著異曲同工呢，雖然這部戲談的可能是記憶、回憶和孤獨，以及它們之間的某些難題，加上比昂的臨床案例裡，閱讀著那些也是錄音再經整理的文字記錄，以及在這些文案裡可以看見，比昂是如何直覺地回應報告者的疑問和想法。

　　也許我們學不來，也不必要模仿，但是這些記錄裡是以對話方式呈現，而不是論文型式，自然也有著重要的意義。也許可以說比昂的回應方式，有些像是禪宗公案裡那些故事，老和尚如何回答小沙彌的問題？不論是多麼小的問題，總有著可以細想的深意，而這些是否能透過邏輯論理的方式來習得，或者是需要邏輯推論之外的其它型式，來獲得改變或蛻變？

　　貝克特的《克拉普的最後錄音帶》裡，就在深夜，他生日的這一天，克拉普總是獨自待在房間裡，錄製他每年生日時的想法。他想要留下一些記憶，當做未來的回憶，但是記憶和回憶之間，卻在他七十歲生日這天，有了不太一樣的變化。也許這變化每年都有，但是要會影響他自己，也許需要時間，但是時間是什麼呢？克拉普如以前在這天準備了錄音帶，想要說說這一年的某些記憶，他從年輕時就開始這麼做

不生不滅：破碎的孤獨，比昂（Bion）苦苦尋找著心經的心聲？

了，當他聽著以前的錄音帶，卻有時覺得無法辨識出那聲音裡，說的是否是自己？對於那聲音裡傳來的對未來的抱負和期待，如今聽來卻覺得只能苦澀地笑著。

何以克拉普需要做這些錄音呢？也許有著孤獨，有著想要捕捉住什麼，做為未來回憶時，可以覺得和過去依然有著連結的，如Winnicott所說的「存在的連續感」（continuity of being）。但是聽到錄音裡的某些語彙和場景，似乎那曾是重要的，而被說而紀錄了下來，但是此刻再聽卻是無法回憶起，那些語詞和情境的真正意涵了。這是多麼複雜的心情啊，也就是記憶未被完全留住，而更無法回憶所聽到的內容了，而何以這是最後的錄音帶呢？

至於貝克特的《不是我》，是暗黑舞台只有一張紅嘴唇的嘴巴，說著自己的人生經驗，是從小被父母拋棄的小孩，長大後的自述。以貝克特嚴格要求的方式，說著劇中的心聲，更像是要說出人世間相同經驗，內心深處的聲音。《不是我》並非是人的獨白，而是部分客體嘴巴的獨白，老婦人以第三人稱說著，其實是自己的故事，回憶生命早年的創傷事件，在孤兒院長大，平時沉默卻在這時如山洪般，流洩著心聲，或者只是說話，是不是心聲卻是另一件事情了。她也覺得驚訝，怎麼會說這麼多，彷彿有股不自知的力量推動

著，她的嘴巴說著零散破碎的人生故事。

　　我們就這樣，無論是比昂的案例討論，也是錄音事後的討論內容，也是破碎的直覺式反應，讓我們在這些不同的聲音和破碎的孤獨裡，尋找是否有著心經的心聲，也曾流過自己的心中，只是我們不知道那是什麼？（薩所羅蘭）

不生不滅：破碎的孤獨，比昂（Bion）苦苦尋找著心經的心聲？

似乎唯有幹掉39歲的克拉普，把過去處理掉，69歲的克拉普才能走下去。他說：「也許最好的歲月已過，當時我本可以有一個快樂機會。但是我並不想挽回那些歲月。因爲現在的我裡面有一把火，我並不想要挽回。」（62頁）那個本可以快樂的機會顯然指與某個女子的關係，但是他選擇放棄，而此後需要不斷地說服自己，因爲捨棄快樂，而成就某種形而上的追求，似乎是創作、藝術、智慧一類的高目標，所以如今裡面仍然有「一把火」。他愈是需要說服自己，愈顯得內在空虛、失落，無盡悵惘。人已老，無可挽回，自我嘲諷成爲存活的策略。（邱錦榮）

　　特別是背後那個散落的書架，像是他未經整理的人生，可能沒意識到，書架就像身體與心靈的脫鉤，作爲身體層面的書架靜悄悄地洩漏出克拉普的頹唐。除了書架，舞台籠罩在一片黑暗中，典型的貝克特舞台，跟《等待果陀》一般，製造出一種沒有出路的感覺。就連劇本架構也是一樣，69歲的克拉普聽著39歲的錄音，39歲的克拉普聽著29歲的錄音，故事總會回到原點，一切似乎沒有不同，生命被困在不斷重覆的莫比烏斯環中。這般設定當然會讓我們聯想到強迫性重覆，這是死之本能的動力漩渦。主人公一遍遍地讓自己經驗

著，某些部分向生，更多部分向死。（王明智）

而Bion（1978）在seminar one中也提及：一個人必須活在自己的身體（body）裡面，而他的身體也必須忍受其思想（mind）在其中。就某種意義而言，分析歷程如果有效的話，可以使這兩者彼此達到某種和諧。我認為最重要的是，一個人應該要能夠與自己保持良好的接觸，所謂良好的接觸不僅意味著對自己寬容，而且還意味著他知道自己有多可怕，或者他自己的感受如何，或者認為自己是個什麼樣的人。當我們可以自我解嘲、幽自己一默的時候，也達到了某種身心的和諧與平衡。（丁耕原）

克拉普翻找出錄音帶，傾聽著、為了找到所尋求的記錄（快轉、倒帶），記憶的主人翁和被保留的錄音帶記憶有著二元性，在此記憶在人身上的無法完全控制及捉摸，被具象化為一個客觀他者，見證著主體的歷史，像個編年史或是切片，彷彿將每個碎片組合起來便可以成為一個整體，但其實每個編年史或切片都是被精雕不完整的碎片，有更多曾經的片刻在意識或無意識下被切割掉、被遺忘、被扭曲、被粉碎微小化、被淡化無視，抹滅封存在記憶庫中；經過長時間的

發酵，這些記憶碎片像個生命體般地眾聲喧嘩，爭奪著上演機會，自組「基本假設團體」重演劇碼，未上場的在幽微隱晦處伺機而動。（郭淑惠）

　　在舞台上，主人與記憶分開，因為分開，觀眾讀者才有辦法看到這個人與記憶的關聯，愛與恨並存的矛盾關係。主角拼命想要操作記憶，重複播放想要的記憶片段（熱情與性愛），關掉忽視不想聽的記憶段落（失敗與死亡）。這個原本只能在心裡操作的機制外化到舞台上，透過演員誇張的面部表情與肢體動作讓觀眾感受到他對於自己人生的矛盾心情，看到他卡在現在與過去的困境中。這個過程好似治療情境，個案把自己的記憶搬到這個與治療師同在的時空中，有意識或無意識地將有些部分多說停留，某些段落跳過刪除，說給治療師聽，也說給自己聽，自己是說者也是聽者，治療結束，個案帶著記憶離開，繼續他的人生。這些記憶透過這個被說被聽的歷程，再次回到個案的身上時，會有一些不一樣嗎？每一年當克拉普聽完過去，說完現在，下一年的人生會有什麼不同嗎？（葉安華）

　　Bion 引述猶太哲學家著作 *I and Thou* 的段落（Martin

Buber, 1923）「在母親的子宮裡，他知道宇宙，並在出生時忘記它。（… in his mother's womb man knows the universe and forgets it at birth.）」；生命開始用物質世界的方式存在、溝通與思考，但我們忘記了，在能夠使用世界的語言以前，便存在一個機制，使得生命可以使用語言。這或許可以連結到《心經》的說法，我們的生，是世界的生，思想的產生並非等同真實，或許只能說是真實的一種樣貌，或者一種形式。想要得到結論的慾望，是否是這種無可奈何的再現？面對與自己緊密關聯，卻無可探知的部分，Bion 提到的O讓人耳目一新，這是對他而言，用來暫代一個他想要描述，卻無可得知的領域。（陳建佑）

　　錄音帶、日記、文章，以及精神分析心理治療，我覺得都像是一種容器，裝載著各種大大小小、有形無形的記憶經驗，等待著有朝一日能夠被準備好的，足夠強大到能涵容的心靈給消化與理解，再回饋給我們，讓我們吸收。我想起Bion在1959年論文《對連結的攻擊》中提出：「當病人努力讓自己擺脫對他的人格來說感覺太過強大，而無法涵容的死亡恐懼時，他將這些恐懼分裂出來，放進我這裡。這種想法顯然是說，如果它們被允許放在那裡足夠長的時間，它們

將被我的心靈調整修正，然後能夠安全地重新內攝。」（吳立妍譯，p.312）克拉普的錄音帶，也在將他過去還無法消化與理解的經驗或者感覺，先錄起來存放著，等待未來的某一天拿出來播放收聽時，有機會重新被消化與理解。（吳立妍）

　　69歲的克拉普，到底在做甚麼？回顧甚麼？紀錄甚麼？整理甚麼？開創甚麼？這些舞台上的動作多數不會讓人難以理解，因爲我們也都似曾相識。然而，那個「甚麼」是甚麼內容，我們猜的出來嗎？推敲的出來嗎？感覺的出來嗎？或許連克拉普自己都不知道。也因著這個「不知道」，這種想要解答這個「不知道」，或是想要減少這種「不知道」所帶來的各種感覺，於是重複著每次圍繞在「不知道」所運行的類似軌跡，一方面放心也逐漸壯大了這種立基在「不知道」的基礎上的各種反應，而說服自己彷彿「知道」了；另一方面，也可能逐漸斷去無法接受的各種反應，而說服自己不需要「知道」了。漸漸的，各種新的「知道」和「不知道」，也就陸續產生了。（王盈彬）

　　這讓人有強烈的無可奈何的感嘆。不知道回望過往的克

拉普，是爲了追求眞實的感覺嗎？而回憶的過程，帶來眞實感的到底又是什麼？可是，在回憶中的眞實感，既不能說是虛幻的，但也絕非眞實的。邱錦榮教授介紹此劇時說，克拉普「在場又不在場」，在我看來，恰好連結了王盈彬醫師對「知道」和「不知道」的探討。「在場又不在場」給人的感受，幾乎等同於「知道又不知道」。我好奇的是，那個「部分知道」又「部分不知道」的同時上演，帶來一片靜默的「卡住」的感覺，會不會就是克拉普的處境？而在前述臨床片段中，這會不會也就是個案跟我工作的處境，是某種治療的僵局？（廖偉翔）

嬰兒透過媽媽的幫忙下，很像孵化過程的存有（being），漸出現我的概念，這對溫尼考特而言是一個人生偉大的里程碑，過程一旦發現了客體的存在，會經過摧毀客體後，才得以得到使用客體的能力，而那些無法消化的挫折，在他的理論中，會一直處在全能控制的領域之外，無法理解，但這個經驗仍一直存在著，等待著被主體的理解，進入全能控制領域之中，變成我的一部分，回到這個劇本中，主角喋喋不休的訴說，揭露了以前的經驗，雖然碎成了雜亂無章的囈語般，但是是接近於主體理解的邊界，簡而言之，

  不生不滅：破碎的孤獨，比昂（Bion）苦苦尋找著心經的心聲？

這個劇本就是一個過去的無力消化的創傷經驗，在走入全能控制領域的範圍，如果我們用溫尼考特的脈絡思考的話。（黃守宏）

　　對照Bion在Tavistock Seminar 5的摘錄，文本一開頭的描述便是「Only a limited part of this seminar was recorded.」（本研討會僅錄製一部分的錄音。），這與「不是我」劇本裡主角的斷裂台詞，竟是如此相似。如果只是片斷、破碎的呈現，能夠被看見的是什麼呢？再次聯想到治療室裡的個案，當個案說著一些不連貫的回憶片段，治療師的工作就是試圖在那些破碎的片段裡，貼近其內在的真實感受，盡可能地幫助個案的自我從「破碎」回到「完整」的狀態。如此想來，在治療室裡，多數的時候真的只有一張嘴在說話，而治療師總是努力試著在那單口敘說的語言裡，發現個案這個人，「只有嘴巴獨白」的設置無比貼近真實，而破碎的語言能夠一直說著，是因為敘說者還懷抱著渴望完整的期盼。（李玉婷）

　　《不是我》傳達出說的是我，但我不承認是我，我只是憑藉另一個人，「非我」而成為我。因此，不論是口中的

「她」，或如黑影般共用舞臺的他者，呈現的是當下的聚合，也是持續在進行成為我的歷程。一行禪師提到一切現象皆從因緣生，沒有獨立自我。萬物無法獨自存在，必須相互依存。如果你是一位詩人，你會清楚地看到一朵雲漂浮在這張紙裡。沒有雲，就不可能有雨；沒有雨，樹木無法生長；沒有樹木，我們無法造紙。雲是造紙所必須的。如果雲不在這裡，這張紙就無法在這裡。因此說，雲和紙相即，相互依存。（引用《一行禪師講心經》，P. 34-35）（劉玉文）

聆聽受苦的聲音，沒人聽的話是不可能存在，在貝克特《不是我》的原劇本中，舞臺右側說話的女人和左側披著斗篷的人之間存在著一種動態的張力，整齣劇在嘴巴強烈拒絕放棄第三人稱，堅定的以主體方式呈現的態度，而且恢復過來的四個停頓處，披著斗篷的人會舉起手臂然後落下，展現一種無助的同情心的姿態。劇場的舞台正活靈活現反應了治療室內的場景，在空間的概念、狀態（舞台／治療室／平台）裡，同時存在著是我和非我；分析者和被分析者；觀眾和喋喋不休的嘴，舞台上的兩個女人……敘說者（病人）和聆聽者（治療師／分析師）彼此互為主體的動力關係，聆聽者透過全神貫注和無我的觀（眼耳鼻舌身意），跟著敘說者

  不生不滅：破碎的孤獨，比昂（Bion）苦苦尋找著心經的心聲？

在苦裡來痛裡去的動態起伏，同時能依然自在的Being～自觀、自在，一如佛陀觀看世間所有的苦難亦能超脫苦的境地，一切是必然的現象場，這正是心經最主要的精髓～觀自在的觀照自己、觀照天地、觀照眾生。（邱高惠美）

這戲想要繞過心智的作用，像是要企圖引發一種大腦中斷反應的經驗被找到。佛洛伊德在移情愛的闡述中，曾提到有某種被相信的東西（make-believe），在移情愛這場戲之中出現，像是想要告訴大腦或是我些甚麼，隨著失火的行動，戛然而止。佛洛伊德本來的闡述，可能是要說明治療在移情愛之中中斷的阻抗作用；然而貝克特似乎嘗試演出來，某種被大腦相信的東西make-believe，這種當真的世界之外，有著一種有如失火之後的世界，而反覆重複需要被訴說的經驗。這齣戲的訴求要脫離大腦，有過一種經驗的戲在重演，需要如此方能被看到。看這齣戲如果這經驗是：嘴巴在說話，而甚麼是我，我在哪裡？（劉又銘）

交流與溝通的困惑常常出現在這邊。如果我們有話要說，我們需要找到願意聆聽我們說話的人；如果你擅長繪畫，就必須有人看你的作品，但我們都知道，大部分的人

並不願意。多數的人會在畫廊中漫無目的地走過，對其中的內容一無所知。這個例子是荒謬的，但是這問題本身並不荒謬。作為一名治療師，我們希望可以盡可能清晰的表達自己，這樣個案就不用花太多時間來理解我到底在說什麼，在這種狀況之下，表達的準確性可能成為極度具有挑戰性的要素。而小男孩最終必須找到有人願意看他的畫作，治療師可以選擇的是繼續堅持用語言的方式溝通，這很容易看起來像是試圖維護口語溝通的優越性。或者是試著理解那些說不停、說不出的個案們，在各種感官接受以後，再用可能的方式回應、創造回應來試著溝通。（彭惠怡）

如果說一百多年來我們是習慣了，可以一眼就看見某些「情結」的本領，那麼這對我們如溫尼科特所說的，人生是什麼的想法，會有什麼貢獻嗎？或者百年來，貢獻的質與量在消褪中，因為這些情結周邊的花花草草被忽略了，難道周邊的它們和人生是無關的嗎？而精神分析是強調「意在言外」的「外」，這使得理論被建構後還能看見「外」嗎？這也可能出現在，我們緊盯著「移情」的概念，但是比昂的「雙眼望眼鏡」所說的，一眼精神分析的理論，另一眼是之外其它的。那麼這些所謂「之外其它的」會是什麼呢？（蔡

  不生不滅：破碎的孤獨，比昂（Bion）苦苦尋找著心經的心聲？

榮裕）

　　聆聽的行為在聆聽者的角色中變得臨在而具體，他保持沉默……足以讓我們辨認出另一個存在——我們的替身或另一個我們，同樣從事傾聽的行為。（*Moore, 2017*）

　　在這個極具渲染力的戲劇中，觀眾被帶入這種想像中的身分及恐怖的邊緣，散佈在頁面上的刪節號，現在像黑色的眼睛，縈繞在場景／所見之中。讓人想起Bion在光線暗淡時觀看網球比賽的比喻：這種病人具有不同的視覺能力，使他能夠看到我看不到的東西。作為精神分析師，我們必須能夠看到這是一場網球比賽，同時要能夠調暗燈光，關掉光輝的直覺，看到這些（網子上的）孔洞，包括它們是如何被編織或聯接在一起的。（*Bion, 1990*）（尤韻涵）

《克拉普最後的錄音帶》：
記憶、時間、情愛和心靈

邱錦榮

　　《克拉普最後的錄音帶》（*Krapp's Last Tape*,1958）是愛爾蘭作家薩繆爾・貝克特（Samuel Beckett 1906-1989）為北愛演員派崔克・麥吉（Patrick Magee）所寫的獨幕劇。作家的靈感來自於他在BBC「第三節目」聽到名為「麥吉獨白」（Magee monologue, 1957）的廣播劇，內容擷取自貝氏的廣播劇《未竟之作》（*From an Abandoned Work,* 1957），和他的小說《莫洛依》（*Molloy*法文版1951，英文版1955）部分段落。這一場空中的邂逅令貝克特極為激賞，遂為麥吉量身定做本劇，此戲的首演起初僅作為主戲《終局》（*Endgame*）的開幕戲（curtain-raiser），全劇約23分鐘，但後來雙戲（double bill）連演，在一個多月演出38場，受歡迎的程度遠超過當初陪襯的目的。

克拉普是誰？

　　幕起時舞台上呈現一個寂寞、蒼涼的老人，衣衫寒酸，

步履蹣跚。他自二十多歲起養成一個儀式行為，每年生日錄音為誌，像是日記體的年誌。年輕時可能因為追求自我實踐，專注寫作，而刻意斷絕情感關係。雖然外表看似怪異孤僻，他的人格裡面包含貝克特設定一般人的普世特質：對於未來的不確定性懷著恐懼，對於此時此刻也滿懷存有的焦慮。他渴望再回返過去那些不能夠忘懷的片刻，特別是和某位女孩乘著一葉扁舟的一景。克拉普對老化也很恐懼，39歲時他傷感自己老了，但是到了69歲，就是幕起的時間，他跟年紀做了妥協，沒有那麼樣錯謬的恐懼感。舞台上呈現的老人，反因許多可笑的舉止、反應，荒謬中帶著詼諧，可謂「克拉普的悲喜劇」。

我們推測主人翁喝酒，而且酗酒，因為他三度離開前台、拖著蹣跚腳步走向舞台後方，開酒瓶，發出蹦一聲，前後喝了三次酒。除了酒精依賴，克拉普需要不斷吃香蕉，近乎神經性暴食症，暴食香蕉成為劇中生存欠缺自主性的關鍵象徵，不過有些批評家把對香蕉的重度依賴視為克拉普的自慰型自戀（masturbatory narcissism）。克拉普對於人與物的執著，處於一種既愛又恨的關係，想要斷捨離，但是沒有辦法放下。貝克特以反傳統的寫法營造時間和空間，用以塑造這個人物，補抓生命素質中一些基本要素，特別是人生

境況的黑暗。

克拉普對克拉普

全劇像是一齣諜對諜的攻防遊戲，39歲vs. 29歲以及69歲vs. 39歲的自我交鋒，克拉普把年輕的自己抽離出來，以疏離作爲自我防衛的策略。他重聽39歲那時如何看待29歲的自己：

Hard to believe I was ever that young whelp. The voice! Jesus! And the aspirations! (Brief laugh in which Krapp joins.) And the resolutions! (Brief laugh in which Krapp joins.) To drink less, in particular. (Brief laugh of Krapp alone.)（p. 58）

不能想像我就是那個年輕臭小子。那聲音！天啊！那些嚮往！（克拉普跟著錄音帶的笑聲笑出來）。那些決心！（克拉普跟著錄音帶的笑聲笑出來）。特別要，少喝酒。（克拉普自己笑出來）。

這是穿越三重時空的回溯，（69歲）凝視著（39歲）凝視著（29歲），錄音帶裡記錄他年輕時下定決心要戒酒，

 不生不滅：破碎的孤獨，比昂（Bion）苦苦尋找著心經的心聲？

言之鑿鑿，定下嚴肅的目標，十年過去，失敗；再三十年過去，仍然失敗。重新聆聽到這一段，69歲老人對過去的傻小子不禁失笑，笑自己年少時的信誓旦旦，也笑自己的無奈。

69凝視著39凝視的片段顯示更強烈的嘲諷和輕蔑，失落感加深：

Just been listening to that stupid bastard I took myself for thirty years ago, hard to believe I was ever as bad as that. Thank God that's all done with anyway（p. 62）.

正在聽那個蠢蛋，三十年前自以為是的我，真難想像我曾蠢到不行。感謝神，總算都處理掉了。

似乎唯有幹掉39歲的克拉普，把過去處理掉，69歲的克拉普才能走下去。他說：「也許最好的歲月已過，當時我本可以有一個快樂機會。但是我並不想挽回那些歲月。因為現在的我裡面有一把火，我並不想要挽回」（62頁）。那個本可以快樂的機會顯然指與某個女子的關係，但是他選擇放棄，而此後需要不斷地說服自己，因為捨棄快樂，而成就某種形而上的追求，似乎是創作、藝術、智慧一類的高目標，所以如今裡面仍然有「一把火」。他愈是需要說服自己，愈

顯得內在空虛、失落，無盡悵惘。人已老，無可挽回，自我嘲諷成為存活的策略。

Sneers at what he calls his youth and thanks God that it's over. (Pause.) False ring there. (Pause.) Shadows of the opus …magnum. Closing with a-(brief laugh)-yelp to Providence.

(Prolonged laugh in which Krapp joins.)（p. 58）

嘲笑年輕無知，感謝神，那些過去了。（頓。）聽起來就是假的。（頓。）交響曲的……幻影。結尾──宏大的尾聲（笑）──高唱讚美主。（克拉普跟著錄音帶長笑不已。）

39歲的克拉普自嘲年少的嚴肅志向不過是場虛妄，他比喻過去的追求只是虛有其表，像是夢幻裡從未完成的大型編號作品。這一年的他，寫完一本小說，只賣出十七本，但還懷抱理想。69歲的老人跟著錄音帶長笑，充滿自覺的荒謬感，嘲笑從過去到未來的未竟之作。

不生不滅：破碎的孤獨，比昂（Bion）苦苦尋找著心經的心聲？

如音樂的文辭

評論者比喻貝克特的寫作猶如音樂，具有韻律感、節奏感和作曲家的準確節拍。他以精準的文字捕捉一種赤裸的情愫：寂寞、孤獨、懷舊——緬懷過去，懷念久遠的年輕自己，追憶一段失去的情愛，這是他的核心記憶（core memory）。兩人分手前相約遊湖，小船行在水上，船底水流，變動中的靜止，呼應劇終的定格——人不動，錄音帶在寂靜中兀自轉動。

-upper lake, with the punt, bathed off the bank, then pushed out into the stream and drifted. She lay stretched out on the floorboards with her hands under her head and her eyes closed. Sun blazing down, bit of a breeze, water nice and lively. I noticed a scratch on her thigh and asked her how she came by it. Picking gooseberries, she said. I said again I thought it was hopeless and no good going on, and she agreed, without opening her eyes.

〔. . . . .〕

We drifted in among the flags and stuck. The way they went down, sighing, before the stem! (Pause.) I lay down across her with my face in her breasts and my hand on her. We lay there without moving. But under us all moved, and moved us, gently, up and down, and from side to side. (p. 61)

從上湖出發，帶著小船，駛離湖岸，划入水流，開始漂浮。她平展躺在夾板上，雙手插在頭下，閉眼。陽光直射，有點微風，水美而流動。我注意到她大腿有塊抓傷，問她怎麼回事。採醋栗，她答。我再度說，我覺得沒用的，繼續下去沒意思，而她同意，眼睛都沒睜開。

〔..........〕

我們在菖蒲中漂流，被纏住。瞧它們沉下的樣子，嘆息，在船頭！（頓。）我躺臥在她身上，頭埋進她胸裡，手放其上。我們靜臥不動。但船的下方水在流動，推動著我們，溫柔地，上下漂浮，左右晃盪。

這一段敘述是劇中著名的亮點，兩人在舟中纏綿，時光凝結，而河水在舟下不停的流，直到深夜。這是這齣「回憶劇」最「普魯斯特」（Marcel Proust, 1871-1922）風的寫法，有浪漫氣息，對感情化的時間和回憶的深刻的反芻，同時也是對愛的擁有與失落的銘記。不動與變動的對比。以個體凝結於時光的片段對比逝水常流的變換，而前者就是克拉

普這個角色的人設標誌：總是固著、卡在過去的某一瞬間。全劇獨白到底，以二十世紀初興起的小說手法——意識流（stream of consciousness）呈現，模擬思緒紛紛就像脫口而出的話語，意念此起彼落，如水流無縫。這段回憶以口語化的文字與水流意象呈現意識流的特徵，穿透文字的情感是無限的悵惘和說不出口的悲涼。

回憶劇

　　也許《克拉普》最符合「回憶劇」這個名稱，年老的、69歲的克拉普走進自傳式的圖書館——每年一捲的紀錄，以聲音記載一年的回顧和當時心境，展開記憶長廊，這是他每年生日的儀式行為。現代西方戲劇最著名的回憶劇當屬田納西・威廉斯的《玻璃動物園》（*The Glass Menagerie*, 1944），而「懷舊之情」（nostalgia）是其「第一因」（the first condition）。貝克特的傳記作家、學者詹姆士・諾森（James Knowlson, 1933- ）認爲《克拉普》是貝氏版的《每個人》（*Everyman*，英國中古時期的道德劇）。針對生命不可避免的痛苦、失敗和無望的描繪；安東尼・庫比（Anthony Kubiak）指出本劇在這些方面已經竭盡西方

戲劇模擬傳統（mimetic tradition）的所有可能性。綜合兩者的說法，這是一齣人人的悲喜劇；69歲的克拉普代表的並不是他自己的本性，而是普世生命內在的本質。所以問題是：如何去界定生命的目的？如果生命本質已經被內建，人還需要對自己負責任嗎？

依照這條邏輯演繹，《克拉普》一劇展現的是主人翁的心理機轉；他的身不由己，其實是生命慣性態度的結果，成為自己慣性累積的犧牲品。他的生存像是一連串對過往的懊悔的組曲——典型的貝氏「放棄」（abandonment），一種空無的狀態（vacancy），直到生命的盡頭。劇裡的時間參照不是線性的時間觀，而是象徵的時間，也就是說，克拉普的時間不是日曆上的明天，日日更新的明天，而只能邁向無可避免性（inevitability），懊悔到底。克拉普對生命慣性的態度和他所處的象徵時間是貝氏戲劇的標誌，而《等待果陀》即是「經典例證」，時間、空間都失去座標。

「在場又不在場」（present at his own absence）的人生

可能由於嚴重的便祕，克拉普需要吃香蕉，便祕也是人

不生不滅：破碎的孤獨，比昂（Bion）苦苦尋找著心經的心聲？

生的隱喻，無法排除、清空腸胃道的殘渣：他卡在過去的殘影，活在「在場又不在場」的人生，猶如出席（在場）於自己的缺席（不在場）。進一步引申，這是一個半吊子生命，不能盡心、盡情、完整的投入、參與生命，而在自己生命的每一個場景彷彿僅扮演一名旁觀者。

Sometimes wondered if a last effort mightn't-(Pause.) Ah finish your booze now and get to your bed. Go on with this drivel in the morning. Or leave it at that. (Pause.) Lie propped up in the dark-and wander. Be again in the dingle on a Christmas Eve, gathering holly, the red-berried. All that old misery. （p. 63）

有時懷疑最後再多努力點是否能──（頓。）啊，再喝一杯酒你就上床。明早仍舊滿臉的口水鼻涕。或許就讓它掛在臉上。（頓。）躺在床上──黑暗中神遊。再一度回到那個聖誕夜，峽谷裡採集冬青，紅色漿果的那種。滿腹的牢騷。

日復一日地，他悔怨過去，滿腹牢騷，諸如：沒有使盡全力做某件事，酒精成癮，就像夜夜任憑鼻涕留在臉上到天明，唯有夢回片段的快樂時光可以帶來些許慰藉。

新酒注入舊囊

　　貝克特仰慕同鄉的前輩文人喬伊斯（James Joyce, 1882-1941），曾嘗試模擬喬氏，後來摸索出自己的風格，這些事實廣爲世人所知。比較少爲人知的是，旅法期間他曾寫過有關普魯斯特的論文。貝克特1930年關於普魯斯特的研究，得出一個理論「緩緩注入（decantation）」，常爲批評家引用。主要論點如下：每一個人的人生都受制於他的習慣抑或慣性的生存方式，這些例行的模式是支持他繼續前進的推力，使得個人可以持續生存，直到某種突然的事故發生，打破慣性。人生被習慣制約，大難來時，瞬間日常的枯燥乏味被生命的痛苦取代，貝克特稱這個過程爲「緩緩注入」，就像把新酒從新的酒囊注入舊瓶，雖然盡量動作緩慢，不攪動舊瓶底的沉澱，但畢竟新舊液體會逐步混合。拉回到個體的層面，在時光的推移下，生存是一連串恆常的「緩緩注入」，亦卽總需因應新的事物，不斷的適應、改變與調整。

　　劇本設定幕起時在未來，所以舞台行動是未來進行式，「緩緩注入」持續綿延到未來，但顯然未來早已註定（overdetermined）。克拉普藉著錄音機讓自己倒帶，反

　不生不滅：破碎的孤獨，比昂（Bion）苦苦尋找著心經的心聲？

芻舊我。舞台動作強化他對著錄音機，機械化地操作：倒帶、挑選特定段落、跳過某些段落，象徵他拒絕時光往前移的心理策略。他操控按鍵，把流水一般的時間切割成一格一格的片段，甚至直接動手快速轉動錄音盤，略過厭惡的片段，回溯可愛的段落，反覆重聽想要留住的記憶，隨心所欲地進出虛擬的時光隧道。普魯斯特的似水年華在貝克特的舞台劇裡轉換爲過去、現在和未來之間拉扯的張力。

結語

這齣回憶劇以三個不同年紀的克拉普獨白呈現，主人翁與錄音帶裡的分身進行詰問、批評和對話，年老的他揭露過去一層層的嚮往及虛妄，但他終究無力改變生活的慣性，每個階段都是個失敗者，似水流年掉落在兀自空轉的錄音帶。

引用劇本

＊Beckett, S. (1984).*Krapp's Last Tape in Collected Shorter Plays.* New York: Grove Press.

邱錦榮

臺灣大學外文系名譽教授

前臺大文學院副院長

前臺大外文系系主任

前臺大國際學術交流中心主任

曾擔任臺灣莎士比亞學會會長

「世界莎士比亞書目」國際委員會通訊員

 不生不滅：破碎的孤獨，比昂（Bion）苦苦尋找著心經的心聲？

不生不滅：在那聲音中，卻無法辨認出那就是他自己

王明智

「如何逃避或面對生命實際上構成了我們生命本身，這也是弗洛伊德特別感興趣的問題。從這個視角出發，或許應該重新思考弗洛伊德對『生命起源』的虛構描述。選擇快速結束生命或是以自己的方式活到最後，其實是有無故事可說的關鍵——即使那個故事僅是關於如何死去。畢竟，敘事不就是描述我們對於渴望之物的追求，以及在這個過程遇到的種種挑戰嗎？

弗洛伊德曾暗示，在遙遠過去的某個時刻，人開始擁有自己的生命故事。這些故事不僅是關於生與死，而是如何以自己的方式去生、去死。這個過程充滿了障礙與挑戰，就像一個故事。總之，我們可以說，有部分自我或許不渴望或不需要生命故事，而另一部分的自我則認為生命故事與生命密不可分。

……在1920年，主題是要嘛盡快死去，要嘛以自己的方式死去，有或沒有故事；但到了1930年，事情變得更複雜：

一方面，試圖終止我的生命故事；另一方面，仍然有故事想說，將生命整合成更大範疇的故事。」（王明智譯）（註一）

之一、死亡況味

聽說這次薩所羅蘭又要談貝克特，就像碰到困難個案的心情，想到走進診療室便要籠罩在一大團β元素的毒氣中，便望而卻步。既使知道這個劇的版本大約50分鐘，剛好跟一個session的時間不相上下，仍然覺得難以下嚥。另一方面，面對困難病人，常會提醒要準備好自己，讓身心狀況足以代謝診療室的毒氣，不至陣亡。

在網路上瀏覽幾個版本，最後選擇哈洛品特的版本，可以稍稍入口。哈洛品特是英國重要的劇作家，第一次認識他乃透過梅莉史翠普主演的《法國中尉的女人》，當時就被他以古諷今戲中戲的手法深深感動，因此產生好感。可能透過品特對克拉普的詮釋，讓診療室多出一些容易被理解的α元素，哈洛品特在此變成扶持我的母親。另一個原因是，其他版本主要是舞台劇（更別說我是透過屏幕觀看），距離更遠，很多東西沒有辦法看得很細很清楚，跟主角會有一種疏離感，無法跟他融為一體，很難產生認同。而哈洛品特的版

不生不滅：破碎的孤獨，比昂（Bion）苦苦尋找著心經的心聲？

本，具有較強的電影感，鏡位豐富，容易透過導演的眼光看到那些經過整理的觀點。更別說導演使用了諸多特寫鏡頭，讓我清楚地看到主角臉上的表情變化，更容易增加可供參照的資訊。這些都讓我思考，我們在臨床現場如何擺放心智的鏡頭，肯定的是，絕對不能單一鏡頭，或許這就是平均懸浮注意力的基本原理吧？隨時變化心智的鏡頭。

臉及其他

關於年老品特的那張臉，引起注意的是嘴巴的線條，斯文秀氣的嘴唇，經年累月的堅持在兩側鐫刻下倔強的法令紋，隱約可見品特年輕的樣子，為此我還google了一下，年輕的品特果真是個意氣風發的美男子！於是我幻想著這張對我有足夠說服力的臉，透過他來詮釋克拉普，似乎在說，這個一腳踏進棺材冥頑不靈的老人，當然曾經年輕過，或許也溫柔過。另外一個選擇的原因乃因品特跟克拉普都是作家，特別品特在演出克拉普已垂垂老矣，罹癌多年，單看他在舞台上熟練地操作著電動輪椅，便會在內心升起一股山雨欲來的悲戚。

特別是背後那個散落的書架，像是他未經整理的人生，

可能沒意識到，書架就像身體與心靈的脫鉤，作為身體層面的書架靜悄悄地洩漏出克拉普的頹唐。除了書架，舞台籠罩在一片黑暗中，典型的貝克特舞台，跟等待果陀一般，製造出一種沒有出路的感覺。就連劇本架構也是一樣，69歲的克拉普聽著39歲的錄音，39歲的克拉普聽著29歲的錄音，故事總會回到原點，一切似乎沒有不同，生命被困在不斷重覆的莫比烏斯環中。這般設定當然會讓我們聯想到強迫性重覆，這是死之本能的動力漩渦。主人公一遍遍地讓自己經驗著，某些部分向生，更多部分向死。如同克拉普關掉錄音機的姿態，似乎是非常粗暴，決絕。同樣地，克拉普打開錄音帶也是非常用力，這種用力著實更凸顯出自己的脆弱無力，無論身體或心理，總要非常用力才能面對過去的自己。也像是一種不想聽自己的故事，或是不想說生命故事的面向。（同註一）

　　當然，這種姿態不禁讓我想到《等待果陀》的潑佐，那個全能施虐的主人，閹割了錄音機，也閹割掉過去的自己（在《果陀》中以僕人幸運為代表）。這種姿態就是不想訴說生命故事的傾向（死之本能）；相對的，還有一種永遠都要說故事，創造故事的傾向（生之本能）。無論如何，在這齣戲中，克拉普一再地關掉錄音帶，但還是讓自己繼續聽下

去……。（終究還是想活下去）

之二、久別重逢的Caesura

「因為分析過程是及時發生的，所以傾向於相信當患者說話時，他是在描述一種事態，這種事態也是及時有序的；患者和分析師很容易把事情想成是過去發生的事情。這掩蓋了我們存在於當下的事實，我們對過去無法做什麼。因此，若以為我們好像在處理過去，這是嚴重的誤導。分析的冒險之所以困難，是因為一個不斷變化的人格對著另一人格在說話。但是人格的發展似乎並沒不是像可以被伸縮的一塊彈性體那樣。」（蔡榮裕翻譯）（註二）

同樣的，克拉普也是透過錄音帶這個形式去觀看、理解自己的人生，他為每盤錄音帶做了分類（第幾盒第幾盤，標題），未來再回看這些粗略的分類，希望可以具有提綱挈領的效果，但當下的我們面對彼時的分類時而感到困惑，翻找幾盤帶子之後，「farewell to love」很快地便抓取了克拉普的注意，掀起內在的情感波動。這個分類提醒著我們：這是關於克拉普哀悼的故事。值得注意的是，69歲的克拉普聽到自己39歲的聲音，忽然被嚇到，激動得把桌上的雜物都橫

掃在地。他認不出這是自己的聲音？那聲如洪鐘的說話者是誰？多令人忌妒啊！那個中氣十足的聲音提醒自己的衰老？抑或有些事逝去了便不再回來？那些被他橫掃在地的雜物就像他紛亂且不受歡迎的心情，通通要被排除？克拉普像個憤怒的老獅子，正做出最後的困獸之鬥？然而，既使擺出戰鬥姿態一切仍是徒勞。那些失去的青春與活力，再也不會被他所擁有了……。

「今晚異常寂靜，我豎起耳朵，聽不到一絲聲響。平常這時老麥克格倫小姐總會唱歌，今晚卻沒有。她說那是她年輕時的歌。難以想像她年輕的模樣。她倒是個不錯的女人。康諾特，我喜歡她。（停頓）我是否會唱年輕時的歌，如果我曾經有過年輕？沒有。（停頓）我年輕時是否唱過歌？沒有。（停頓）我是否唱過歌？沒有。」（王明智翻譯）（註三）

雖然克拉普問自己是否人老心不老？當然以錄音時39歲來看並不老，然而，一個人可以毫無保留的表達自己通常是年輕的象徵，而唱歌就是一種非常流動的自我表達。唱歌當下的我們不可避免要跟自己相遇（encounter），陪自己去

不生不滅：破碎的孤獨，比昂（Bion）苦苦尋找著心經的心聲？

經驗情感裡的千山萬水。克拉普說自己年輕時沒有唱過歌，意味著他從年輕開始心境已不年輕嗎？或者說克拉普沒有跟自己相遇？他需要錄音，好儲存自己，期待來日可以跟自己相遇？那些彼時沒準備好聆聽，理解的自己，總要等到事後隔著一段時空的距離，讓新長出來的人格去跟舊日的人格說話，更別說時空創造出某種餘裕，去面對、去聆聽。說到這裡，錄音跟聆聽錄音帶這個動作像不像分析治療所提供的場域?這也像是Bion在Caesura中以洋蔥為比喻，人格中的某一層對著另一層說話；透過年輪的推演，79歲的克拉普可以聆聽39歲的克拉普唱自己人生的歌？把這些錄音帶，還有錄音帶的自己當成一本可以一在閱讀的書，在生命的不同階段，因著人格不同的樣貌，在面對另一階段的生命史料，閱讀出不同的風采。

從這個角度看，劇本結構又沒有原來的那麼沒有出路，而解方就是Bion的Caesura，讓我們在強迫性重覆的蟲洞中，迷途知返，尋出抵達另一方時空的任意門，讓多重時空的自己可以相遇。說到這裡，心經中「不生不滅」的味道呼之欲出；一個人的佛性（Buddha-nature）不受生死、時間與變化限制。意味著我們的真正本質不會被生、死、老、病、悲、喜等世間現象束縛，透過這些無常所轉動的位於時

空不同層次的「我」進行的無盡對話，繞著法輪轉動，也是為了逼近佛性的存在舞蹈。而所謂「無法辨認出那就是他自己」意味著終極的「佛性」？

之三、難以述說的生命故事

「關於她，我知之甚少，除了對那雙美眸的深深愛慕。感覺如此溫馨，彷彿又看見它們。（停頓）無與倫比！（停頓）啊，真的是……（停頓）這些逝去的下午總讓人感到無聊，但我總能感覺到它們——（克拉普停下錄音機，陷入沉思，然後再次啟動錄音機）。」（王明智翻譯）（註三）

談到「情人的美眸」克拉普忽然關掉錄音帶，是因為自己無法認可當時的愛意？還是無法承受因為愛過爾後的失落？抑或單純忌妒年輕時熾熱滾燙的心，不想聽這顆心訴說屬於自己的故事？「美眸」也會讓人想到年輕的伊底帕斯想要看清楚「命運」的初心，如何可以不目盲？可以不自大？是因為愛上「美眸」的人無可避免都會「真誠」？「真誠」的人也無可避免的終將與自己相遇？當那張臉可以反映內心的陰晴，眼睛所映照的流動或許就是「真美」。

不生不滅：破碎的孤獨，比昂（Bion）苦苦尋找著心經的心聲？

當我們經歷了一切回顧過去，究竟歲月的洗禮讓我們更有餘裕去涵容與理解？還是歲月的摧殘讓我們變得更無法承受？看來年輕的克拉普應該承受了不少苦日子，雖然後來透過意志努力挺住，也有酒館可以作為暫時的逃避，但無論如何，這個苦命的小子似乎是熬過來了。在品特的版本，有趣的是，每當克拉普變得有點難以承受，都會偷偷繞到書房後的邊間，偷偷讓自己啜飲一兩口烈酒，這個動作對照著錄音帶提到的酗酒，提醒著我們有些事情依然沒變。但沒有變又如何?我們可以對人性中的「不變」寬容嗎?之後才可以看得見細小的改變（或者只是優雅地挪動一小步，就像舞台上的克拉普偷偷繞道小邊間）。

　　「回顧逝去的歲月，渴望再次重現美眸所散發的光彩，當然還有那棟運河邊的房子，晚秋歲月，長久孀居之後。（克拉普打了個顫）還有那——（克拉普關掉錄音機，輕輕將錄音帶倒帶，耳朵更貼近錄音機，再度開啟錄音機）——臨終時躺在哪的，晚秋歲月，長久孀居之後，還有那——」（王明智翻譯）（註三）

　　就這麼開開關關，正當他有勇氣面對之際，又想起逝去

的母親，天啊！年輕的克拉普似乎有太多失落！在這段獨白中，克拉普在提到母親的「孀居」又停下來，他很快去字典查「這個字是甚麼意思」？有趣的是，這是39歲使用的字，79歲卻忘記它的意義；或許不是單純忘記字的意義，而是這個字具有強大的情感能量，讓他無法承受。我想到「母親的守寡讓他想到自己的『守寡』」，在多想一點，克拉普是在說，在跟前任分手之後就再也沒有愛過?而從39歲到79歲漫長的數十年，就是他的「孀居」。

於是，聽過去的自己說話，然後喃喃地品頭論足一番，就像克拉普所做的，不就是精神分析的「自由聯想」?我們透過這些聯想的梯子（Bion, 1977），從蛇梯遊戲的某一梯，攀升到另一梯。於是乎，變與不變端看你從哪個角度看，洋蔥的角度就是把時間的向量也考慮進去。就如Bion給予我們的靈感，不同時空下特定人格間彼此對話的過程，讓我們可以逐漸穿透「心的屏障」，如果順利的話，一層穿過一層，終究可以抵達那最難抵達，出生前的那一層?

心理治療就是聽與說生命故事，但是僅只是這樣嗎？生命故事有這麼容易述說嗎？既然回到死亡的過程險阻重重，那麼這段旅程，肯定有許多阻礙與曲折，就會形成某種故事線。或者，誠如佛洛伊德構想「生命開始出現就是一種困

不生不滅：破碎的孤獨，比昂（Bion）苦苦尋找著心經的心聲？

擾」，就像隨時會爆發的火山。而我們的詮釋，或者我們與患者互動的嘗試，本身就違反一切歸於慣性與平靜的死亡本能。本身就夠困擾患者。千萬要注意的是，這樣的困擾，足以達到斯芬克斯對伊底帕斯的探問，這是會帶來極大災難的火山爆發。治療師就是足以激惹起這種爆炸的人，患者因死亡本能希望可以回到重覆與死寂，還有那未經審視的人生；治療師的詮釋就像斯芬克斯的問題，足以致命，這種致命並非帶來死亡，而是帶來天搖地動的活著。（註四）（註五）

之四、在洋蔥之心死去

「我就此打住——（克拉普關掉錄音機，將錄音帶倒退，又打開錄音機）——

上面的湖，乘著小船，離開湖岸，隨波逐流。她舒展身體躺在船底，手枕在頭下關閉雙目。太陽燃燒落下，輕風徐來，湖水美麗歡快。我看到她大腿有塊擦傷就問是怎麼弄的？摘醋栗，她說。我接著說出再這麼下去沒有希望，她同意，眼睛都不睜開。（停頓）我要她看我，過了會兒——（停頓）——過了會兒她看了，但那雙眼睛只眯著，因為陽光刺眼。我俯下身給它們遮陽後它們便睜開了。（停頓。低

聲）讓我進去。（停頓）我們漂流穿入蒲草叢，卻卡住了。在莖之前下垂，發出嘆息！（停頓）我撲上她身體，臉埋在她雙乳間，手在她身上。我們躺著一動不動。身體下的一切全都在動，動搖著我們，上上下下，從這邊到那邊。

（停頓）

過往的午夜。從不知如此寂靜——」（王明智翻譯）（註三）

這真是我看過最精彩的分手描述，為什麼這麼撕心裂肺的經驗最後卻帶來一片寂靜呢？這是一種對於分手的理想化？還是分手之後的一片死寂，透過這片死寂抵禦那種極端的挫敗？就像某種難以穿越的屏障？抑或，分手就像是一種死亡，為了在分手的經驗中活下去，試著泅泳掙扎，但無論如何掙扎也只能任由命運載著我們隨波逐流（就像文字最後身體下面晃動的湖水），終究只能復歸空無？而那場性愛，始於跟分手一樣刺眼的陽光，還有要被陽光螫瞎的雙眼，以及對這雙眼睛的憐憫，如果不做點甚麼，這對戀人便要被分手滅絕。之後的做愛描寫更是精彩，雖然兩人極盡所能地拯救彼此免於被分手滅絕，但那艘小船，在湖心搖晃著，讓人不忍，這般小小的船身可以承受分手的風暴嗎?無論是在蒲

草叢卡住象徵情感走不下去，或是帶著愛恨無盡的纏綿，而最後的平靜，是一種心死?還是稍稍喘口氣？藉以逃逸到想像的死亡中……。

　　在聽完錄音帶之後，導演讓觀眾跟克拉普一起沒入黑暗之中，我們依稀聽到北風呼嘯的聲音，感覺要把一切帶走，包括主角的生命？繼之而來的，還有教堂的鐘聲，讓人不禁好奇那是最終的救贖？是溫柔死神前來引渡嗎？這種引渡如果發生在日常，可能就是強迫性重覆帶給我們一切如常的心安？像是看著老調重彈的長壽劇得到療癒。透過這種心安，好讓我們可以暫時（或永久）回到不用傾聽與訴說生命故事的幸福中。抑或，可能是克拉普用盡全身力氣回顧一生，然後可以永久安眠，再也不用被生命困擾？

註釋

註一：Adam Phillips(1999), The Death of Freud, DARWIN'S WORMS (P.65)、, NY： Basic Books.

註二：Bion, W. R. (1977) Caesura., TOW PAPERS、, London： Karnac Books.

註三：Krapp's Last Tape劇本

註四：Civitarese, G. (2021) The limits of interpretation. A reading of Bion's "On Arrogance". International Journal of

Psychoanalysis 102:236-257

這段文字主要出自對這篇論文的反思：

「關於精神病的『心理災難』，比昂寫道：傲慢、好奇心和愚蠢表現為『心靈的廢墟』（同上）。這個描述暗示了一個世界末日場景的建築元素：這裡有一根柱子，那裡有一道拱門，再遠一點是一堵牆。因此，分析師面臨的問題是如何重新整合這些部分，以建立一個連貫的圖像，好應對可能發生的情況。

然而，在〈對連結的攻擊〉的段落中，比昂更進一步推進考古學比喻：對於這些患者來說，毀滅古代文明的災難尚未過去，依然活躍如初。這就好比當我們在龐貝古城進行挖掘時，蘇維埃火山仍然在噴發岩漿。」

註五：Bion, W. R.(1959), 28 March 1979., The Tavistock Seminars., Routledge.

這段文字主要出自對這論文的反思：

「一個奇怪的事實是，即使在生理醫學領域，醫生或外科醫生也可能變得冷酷無情。必須不斷地處理身體疼痛，他們幾乎變得麻木不仁。

有時它會爆發：我有一次那是外科醫生和麻醉師覺得很開心的經歷，但他們沒有注意到手術台上的孩子差點就死了。他們突然不再享受說笑話，而是開始採取緊急措施——不幸的是為時已晚。[參見《我所有的罪孽都被記住》，第 14 頁。 40.]我們可能會對痛苦的本

不生不滅：破碎的孤獨，比昂（Bion）苦苦尋找著心經的心聲？

質變得麻木不仁，無論是身體上的還是精神上的。根據我自己的經驗，我知道人們會忽視患者正在受苦的事實——而患者會幫助你忽視這一點。患者可能非常有趣，以至於治療過程非常愉快；去想起那個患者是因為受苦才來的，這似乎是很不友善。」

王明智

諮商心理師

臺灣精神分析學會會員

《小隱》心理諮商所所長

臺灣分析治療學會決策創意團隊（Executive Committee）成員

臺灣分析治療學會發起創會會員

臺灣精神分析學會推薦精神分析取向心理治療師

臺灣精神分析學會影音小組成員

松德院區《思想起心理治療中心》心理治療督導

與談人：丁耕原

謝謝蔡醫師。

如同躺在躺椅上的我們，真的要開始「說自己」的時候，才體會出那種如人飲水冷暖自知的不易。這或許也是為什麼，當我們聽到「自己的聲音」時，那種既熟悉又陌生的感覺，同時存在、也如此複雜。如果從外在框架去聯想：貝克特這部1958年的創作劇本：克拉普的最後錄音帶，單人獨白、沒有其他演員，不也有點像是躺在躺椅上的我們，不得不得「說」出自己的故事，「聽」見自己的聲音，及「面對」自己的人生嗎？

一、說出自己的故事

我的經驗是：在躺椅上，若要能清楚的說出自己的故事，還真不容易。不容易的原因是，這裡面可能涉及了我們自己的記憶力是否牢靠？在提取（長／短期）記憶資料庫的過程中，是否存有壓抑或潛抑的防衛機制運作？佛洛伊德曾提示我們：人在意識層所浮升的素材，其實是已經通過了審查機制後的材料，而那審查機制正是超我（Freud,

不生不滅：破碎的孤獨，比昂（Bion）苦苦尋找著心經的心聲？

1923）。

在躺椅上，有個比較容易的做法是，我常藉由說出跟別人的互動，來繞過自己的防衛，認識自己。某種程度上，我認為藝術家與藝術創作恰巧幫了我們這個忙：不論是早期如建築（雅典衛城、巴黎聖母院）、雕塑、繪畫（蒙娜麗莎的微笑），或晚進如小說（天龍八部）、電影（與狼共舞）、舞台劇（西貢小姐），似乎只是藝術呈現的形式不同，背後的目的，皆是撫慰人心，幫助我們鬆綁自己的防衛，認識自己。

1978年的夏天，Bion到Tavistock所進行的seminar one中曾說：精神分析理論在某些時刻，會提醒你「在現實中生活」：如同一本好小說或一部好戲劇，會提醒你人類的行為方式一樣。李奧納多達文西畫的東西，會讓你想起人類的樣貌，若你看一下他在筆記本上所畫的頭髮和湍急的水流，就會發現是對我所描述的那種混亂進行美學再現的嘗試。

1969年，貝克特獲頒諾貝爾文學獎時，他其實未到斯德哥爾摩領獎，也沒發表得獎感言。委員會描述其獲獎的原因是「他那創新形式的小說和戲劇作品，使現代人從困頓匱乏中得到振奮。"for his writing, which – in new forms for the novel and drama – in the destitution of modern man acquires its elevation"」

我覺得他選擇「不說」得獎感言，彷彿說了更多。如同在診療室中的某些沉默，以及在這部克拉普最後的錄音帶中，那些獨白與獨白之間的動作、停頓與空白：開抽屜與關抽屜，吃香蕉與不吃香蕉或含住香蕉，也或許是某些無意識中的素材，繞過了防衛，所呈現的某種狀態。相對於多數人的人生沒有得獎，或許貝克特的不領獎，是體會到更多的真實人生。

二、聽見自己的聲音

為什麼69歲的克拉普，要聽39歲時的錄音？39歲的克拉普要聽27、28歲時的錄音？一個可能的原因是39歲左右克拉普的母親去世了，20幾歲時是父親去世了。相對來說，貝克特也是快30歲的時候爸爸走了，母親則是在他40歲的時候走的，而劇中的幾個女生，也跟貝克特真實人生中的幾個女生相似。

「在自己的聲音中回顧過往，克拉普不敢相信自己也曾經是那樣的年輕過。聽見錄音中那些自己想要達到的目標與

不生不滅：破碎的孤獨，比昂（Bion）苦苦尋找著心經的心聲？

決心，克拉普忍不住跟著笑了起來。」

　　這樣的場景描述，是否像極了躺在躺椅上正在做自由聯想的我們，任由我們的思緒，自由地跨越時空的限制。我的某個督導曾開玩笑的說：診療室內叫移情，診療室外叫人生。我們是否也在自己的父母離世後，不得不更貼近自己的人生？

　　而Bion（1978）在seminar one中也提及：一個人必須活在自己的身體（body）裡面，而他的身體也必須忍受其思想（mind）在其中。就某種意義而言，分析歷程如果有效的話，可以使這兩者彼此達到某種和諧。我認為最重要的是，一個人應該要能夠與自己保持良好的接觸，所謂良好的接觸不僅意味著對自己寬容，而且還意味著他知道自己有多可怕，或者他自己的感受如何，或者認為自己是個什麼樣的人。當我們可以自我解嘲、幽自己一默的時候，也達到了某種身心的和諧與平衡。

三、面對自己的人生

　　「剛剛在聽30年前那個蠢貨自己所錄的錄音內容，真是難以置信自己居然曾經那麼壞。感謝上帝，那一切都結束

了。」

「不管發生過什麼，在那裡，這個老東西身上曾發生的一切，都是被光明與黑暗，饑荒與盛宴所充盈的……年歲！就是這樣！」

「我將在這裡結束我的錄音……或許我人生中那些能夠擁有最幸福時刻的璀璨時光已經過去，但我不希望它們再回來。我現在已經沒有足夠的火焰能點亮它，因此我不想要它們再回到我的生命裡。」

如果用「等」個字來形容看完《等待果陀》的感覺，不知大家在看完克拉普最後的錄音帶時的第一個感覺會想到哪一個字？是「哀」悼自己的年華老去？還是「悔」恨自己的一事無成？

心經中的「不生不滅」不易理解，生滅是指事物的本體存在與否，存在就是生，不存在就是滅。諸法空相，體性本空，原無生滅。而諸法現象，即一切事物，會有因緣合而生，緣散而滅。神秀在堂前廊壁間寫下他著名的偈子：「身是菩提樹，心如明鏡台，時時勤拂拭，勿使惹塵埃。」惠能（六祖）聽聞此偈，便知此偈未見本性，於是請江州別駕張日用幫他書寫自作的偈頌：「菩提本無樹，明鏡亦非台，本來無一物，何處惹塵埃？」我們對比這兩個偈子：明鏡當

  不生不滅：破碎的孤獨，比昂（Bion）苦苦尋找著心經的心聲？

臺，紛現森羅萬象的事物，事物有來去生滅之相，但明鏡的本體原無生滅，因爲這些事物，只是從明鏡映現出來，並不是從明鏡生出，明鏡本體原無生滅，有生滅的只是映入明鏡的幻相。

　　若以心經對事物本體乃「不生不滅」的觀點來思考克拉普的年華老去與貝克特的得獎與否，似乎這一切都是映入明鏡的幻相。只是，克拉普最後的錄音帶，彷彿又誠實地揭示了人生的眞相：其實就是不斷的經歷強迫重複、與面對死亡的歷程。

參考資料

1. Beckett, S. (1999). Beckett's Dream Notebook. Ed. John Pilling. Reading: Beckett International Foundation.
2. Bion, W. R. (2005). The Tavistock Seminars. London: Karnac.
3. Freud, S. The Ego and the Id (1923), S.E., XIX, 52- 53.
4. Jean-Michel Quinodoz(2004). Reading Freud. Routledge.

丁耕原

精神分析取向心理治療師
蘭心診所／沛智心理治療所臨床心理師
部定講師
臺灣心理治療個案管理學會會員
臺灣精神分析學會會員

  不生不滅：破碎的孤獨，比昂（Bion）苦苦尋找著心經的心聲？

不垢不淨：文字和錄音只能幫助回憶，
　　　卻不是記憶本身

郭淑惠

述說過去的說者等待未來的聽者

記憶總是以一種不真實的方式記錄事實，因為它受到無
意識力量的影響而產生扭曲。（Bion, 1988）

一、回憶成為主體，人去了哪裡？

在貝克特1958年的戲劇《克拉普的最後錄音》
（Krapp's Last Tape），69歲的克拉普透過聽39歲時的錄音
體現回憶，此時的自己與記憶中的自己存在於不同時間的交
疊、對照與錯位。貝克特為這齣單人劇，設定了一個房間，
一個像流浪漢的老人，克拉普他穿著破舊的衣褲、髒兮兮的
白襯衫和白靴子、蒼白的臉、紫鼻子、亂蓬蓬的灰髮。鬍子
都不刮、高度近視（卻不戴眼鏡）。耳朵背、嗓音沙啞有著
特別的腔調、每次的移動都費力地踱步。舞臺的中央一張小

書桌上面放著一台老式的磁帶轉軸錄音機，白色的強光聚焦在這個地方，其它地方一片漆黑，舞臺上他數次由光照進入黑暗，又再由黑暗走入光照。

　　當克拉普離開強光照射的小書桌走向後面時，人消失在舞臺的後方，剩下一些聲響供觀眾去想像，人在錄音機旁才能被光照被看見，人一旦不在錄音機旁便像進入了黑暗的洞穴，無法知道自己的存在。主體性也這個強光下強調出了一種荒謬。柏拉圖有一個洞穴比喻（《理想國》第七卷），一群終身囚禁洞穴的囚犯，他們被鏈住，只能朝前看向洞穴的牆壁，他們不知身後的洞外火光、洞外有太陽，只能看到牆上閃動的光影，囚犯們把這些影像當作活生生的主體，牆上演繹的故事是他們眼中的絕對真實；有一天其中一名囚犯得以擺脫鏈子，轉身看著洞外，太陽光讓他刺眼但卻讓所處環境清晰可見。這是智性的啟蒙，認識到了自己的無知，即使再重返洞穴，看待事物的方式已不再相同。貝克特將強光打在錄音機上，如果回憶是理解自我的一種方式，我們可否得到啟蒙、體悟存有、絕對真實？

不生不滅：破碎的孤獨，比昂（Bion）苦苦尋找著心經的心聲？

二、那是我，儲存的記憶碎片

　　貝克特在《克拉普的最後錄音》劇（簡稱《克拉普》劇）裡帶出了自我和回憶之間的關係，在舞臺上過去的記憶被以物理方式錄製保留下來，重播與再聽錄音帶是自我的一種回憶方式？抑或是一種凝結的記憶碎片，保存在不同時空的自我，69歲和39歲的克拉普吃著香蕉，無疑是同一個我，但隨著時間，人體細胞不斷的更新代謝，面對每天生活事物對心智都是新的刺激，前一刻與下一刻，在生理上和心智上就不是一模一樣的人了，記憶成了一個連結的橋梁。克拉普的記憶被具體化與物質化成像爲一個轉軸錄音機。克拉普的吃香蕉身體和克拉普的記憶盒子，提供了本體論的身心二元論的思考。

　　克拉普翻找出錄音帶，傾聽著、爲了找到所尋求的記錄（快轉、倒帶），記憶的主人翁和被保留的錄音帶記憶有著二元性，此記憶在人身上的無法完全控制及捉摸，被具象化爲一個客觀他者，見證著主體的歷史，像個編年史或是切片，彷彿將每個碎片組合起來便可以成爲一個整體，但其實每個編年史或切片都是被精雕不完整的碎片，有更多曾經的片刻在意識或無意識下被切割掉、被遺忘、被扭曲、被粉碎

微小化、被淡化無視，抹滅封存在記憶庫中；經過長時間的發酵，這些記憶碎片像個生命體般地眾聲喧嘩，爭奪著上演機會，自組「基本假設團體」（註1）重演劇碼，未上場的在幽微隱晦處伺機而動。

克拉普在行為上有許多的重覆性（吃香蕉、喝酒、在信封上記事），他重覆的聽著過去一段錄音，即「悼念愛情」的記憶，這記憶的強光映照出他此時是更為孤獨、枯竭及無力挽回美好時光。聽者與說者的無聲對話，是過去與現在、是記憶與存在（being）、是頭腦與心靈，是春青年華與風燭殘年，以著二元的方式在舞臺上進行著。

對於記憶理解，貝克特在《貝克特的夢想筆記本》（Beckett's Dream Notebook）記下了來自於奧古斯丁《懺悔錄》第10卷第14章的啟發：

「當我以喜悅的心情回憶過去的悲傷時，怎麼會心靈感到喜悅，而記憶感到悲傷？當我心靈感到喜悅，因為喜悅存在心中，但為何記憶中的悲傷卻不會感到悲傷？……記憶好似心靈的胃，而喜悅和悲傷一如甜的或苦的食物；當它們被存儲在記憶中時，就像食物進入胃中，被儲存在胃中，但感覺不到食物的滋味了。」（Augustine，《懺悔錄》引自Beckett, 1999, pp. 25-26）（譯者　郭淑惠）

貝克特在《克拉普》劇中以錄音機作爲記憶的隱喻，記憶被視爲一種類似於機器、物質的、不敏感或非人的盒子，被存入記憶盒子是不會受到其中所包含內容所影響。在此，貝克特關注奧古斯丁的記憶是心靈的胃的想法。奧古斯丁指出了記憶和反芻的相似之處：「也許這些情感（欲望、喜悅、恐懼和悲傷）是通過記憶的作用從記憶中帶出來的，就像食物的反芻，從胃裡返回口中一樣但是，爲何談論者或回憶者在思想的口腔中感覺不到快樂的甜味或憂愁的苦味？」（Augustine，《懺悔錄》，Rotelle,（Ed.）.1997, p.251）（譯者郭淑惠）。他將記憶的行爲描繪爲「反芻」的行爲，即咀嚼儲存在記憶中的內容。

　　記憶作爲過去的容器，對奧古斯丁而言，記憶位於自我內部（心靈的胃），而對貝克特來說，記憶作爲過去的容器被外化到自我外部。在《克拉普》劇中，記憶以一台錄音機出現在舞臺上，可以被演員看到、聽到和觸摸的機器，同時也被觀眾看到和聽到。在貝克特的作品中，記憶作爲心理容器，跨越出了人類身體內部和外部的邊界，呈現爲一個容納過去的有形物質。當記憶成爲外在有形之物，形成了一個具體的他者，這個過去的容器是主角最重要的資產，也是維繫主角生命的重要泉源。在這其中充斥著荒謬，人追悼過往，

反芻回憶當成生命的的養分，依賴記憶的餘溫來存活，無視當下還有一點一滴時間，失重的人生缺乏重擊一拳自問：「我當下可以為自己生命做些什麼？」

三、這是我，吃著香蕉反芻記憶

在舞臺上，觀眾看到了69歲的克拉普和一台錄音機。克拉普對應於奧古斯丁中的心靈，錄音機對應於記憶。克拉普69歲生日這天，進行著他堅持多年的習慣。在開始錄製之前，他重播自己30年前錄製的錄音帶。三十九歲的年輕聲音說了他剛剛聽了一位更早的克拉普錄製的錄音帶，至少是十年或十二年前錄製的。臺上年老體衰的克拉普，儘管行動遲緩，他毫不掩飾情感，在聽錄音時邊咒罵、感興趣地微笑、大笑或者表現不耐煩。相比之下，錄音機是一台沒有情感的記憶機器，它忠實地記下和儲存任何的話語、停頓、音調、語氣。透過它的非人特性，過去的情感和感覺被抹掉了，或者如同奧古斯丁說的，它們「失去了味道」。

奧古斯丁把記憶看作是容納過去情感的胃，記憶是心靈的胃，回憶的行為類似於反芻。貝克特在《克拉普》劇中將記憶描繪成錄音機，成了容納過去感覺和自我形象的容器。

  不生不滅：破碎的孤獨，比昂（Bion）苦苦尋找著心經的心聲？

當克拉普聆聽自己過去的聲音和回憶過去的時光，可以視為是反芻的行為。聽著自己的聲音，浮現過去經歷：

「（母親臨終前）堤壩邊上的長椅，從那兒我能看見她的窗戶。我坐在那兒，在刺骨的風中，盼望著她快些離去。（停頓）……三月那個難忘的夜晚，在防波堤的盡頭，咆哮的風中，永不忘記，當我猛然間洞悉了一切。終極的畫面。……上面的湖，乘著小船，離開湖岸，隨波逐流。她展開身體躺在船底……。」（《克拉普》劇39歲卡拉普的錄音內容）（譯者　申舶良）

主體在過去時光的圖像中反芻，保存在記憶中的景物、人像、動作得以重以被召喚，這樣的反芻缺少了原來的滋味。在克拉普回憶的同時，劇本一開始就講述了克拉普從桌子的抽屜裡拿出一根香蕉，剝皮，邊走邊沉思地吃。吃香蕉的咀嚼行為，也和回憶過去的行為不可分割。錄製前吃香蕉的行為是不同時期的克拉普都會做的事，可以看作是克拉普切換到重新體驗過去的模式的一種啟動儀式。在吃完香蕉後，克拉普開始準備聽自己過去的錄音帶：

（找到想要的條目，讀）盒子……第三……錄音帶……第五盤。（他抬起頭凝視前方，津津有味地）錄音帶！（停頓）錄——音帶！（幸福地微笑。停頓。他俯身桌上，細細

地看並翻查那些盒子）」（譯者　申舶良）

　　然後克拉普拿出卷軸五，看著它，裝在答錄機上，期待地揉著手。好像他要品嘗一些食物一樣。在這種切換模式下，他可以從現在的事物中解放，擺脫日常生活充滿壓抑的現實，瞬間遁逃至回憶的夢鄉。貝克特強調身體、感官和自我之間有著緊密一體的關係。舞臺上這個場景，聽覺、味覺、觸覺和視覺有趣地交織在一起。克拉普吃香蕉的形象在劇中不斷重複，例如，39歲的克拉普說他剛剛吃了三根香蕉時。吃與回憶行為被視為一種身體行為，都有一種重覆性、反芻的意涵。這個劇本反覆出現克拉普回到舞臺後方（隱喻山洞）、吃香蕉、聽磁帶、回憶過去的動作。

　　《克拉普》劇中充滿了觸覺感官的身體動作，這些身體動作與回憶的行為密不可分；例如，摸口袋、摸抽屜裡面、撫摸香蕉、揉搓手、不發出聲音地動嘴唇、觸摸口袋裡的香蕉等等。69歲的克拉普疲乏虛弱的身體，回憶正鮮活生動發生在身體中，身體像個乾癟的汽球得用回憶來灌飽它。人不再是一個能動者，因為灌注能量的地方，僅限舞臺上錄音機的周遭有光的地方。當克拉普在劇的開頭踩到香蕉皮，滑倒，差點跌倒時，這種通過吃香蕉來體驗回憶的狀態很快就被摧毀了，任意丟擲在地上的香蕉皮成為面對現實的警醒棒

  不生不滅：破碎的孤獨，比昂（Bion）苦苦尋找著心經的心聲？

喝。甜實的香蕉被吃下成了回憶，香蕉皮作爲一個保護的外皮卻被撤棄在眞實世界。克拉普對眞實（香蕉皮）的不屑一顧，卻帶來差點滑一跤的驚嚇，他被迫面對自己完全孤獨、悲慘和絕望的現實。因此，在《克拉普》劇中，回憶或反芻過去時刻的行爲涉及到身體感官，尤其是觸覺、味覺和聽覺。Ulrika Maude ylm指出貝克特筆下的記憶，回憶具有明顯的身體性質，「過去沉澱在身體中，在一個永恆的現在進行式，使曾經經歷過的和永遠無法眞正拋開的東西在角色的身體中不可逆轉地迴響著」（Maude, 2002, p.119）（譯者　郭淑惠）。

克拉普重複地聽了二次同一段錄音，那是在船上與女伴身體親密交融。他清了清嗓子在開始錄音前，與身邊的物件（香蕉、信封、酒瓶、鑰匙）有一些接觸的儀式性行爲，要開始說些什麼是多麼地不容易，他說道：

「這衰老的爛泥球上的一切，所有的光和黑暗還有飢餓還有宴席屬於……（猶豫）……那把年紀！（大聲喊）」、「一年如今意味著什麼？胃裡翻上來的酸東西還有鐵板凳。（停頓）」（譯者　申舶良）。

反芻的只是自己的胃酸和未消化的食物，已失去原本食物的味道和口感，回憶故往已失去當時的活力新鮮與原汁原

味的情緒。他說著：

「那所有的陳年痛苦。（停頓）一次對你可不夠。（停頓）撲上她的身體。」（譯者　申舶良）

此時他又再三的回味了39歲在船上與女伴身體親密交媾的錄音。但這次錄音帶繼續播放著：「可能我最好的年華已經逝去了。當時有份幸福的機會。但我也不想它們回來。我身體中已經沒那團火了。不，我不想它們回來。」（譯者申舶良）。39歲錄音的克拉普也只是反芻了更年輕克拉普的性愛經驗，69歲和39歲的克拉普無法不讓生命前進，只能不斷地悼念著失去的美好。

克拉普在生日這天想錄下今年的感觸，卻反覆重聽舊錄音帶，思維可以篩選想要的片段，主動檢索和調出埋藏的過去。奧古斯丁認為，意志（我）是主宰，派遣使者進入記憶中恢復儲存的，有時是更深深埋藏的，但仍可調回的、仍可恢復的回憶。但《克拉普》劇中不清楚也無法分清楚主從，究竟是意志還是記憶是主人？拉普最後選擇放棄錄下他的此刻體會的嘗試，而是讓過去的聲音作為發言人。記憶的聲音操控著一個人的意志，過去影響著現在及未來，物質化的記憶作為一個他者，可以用鑰匙將其鎖入記憶抽屜封鎖，惟有召喚的時間（生日這一天）才得以現身，但當解封現身時，

不生不滅：破碎的孤獨，比昂（Bion）苦苦尋找著心經的心聲？

記憶在一次次重複下如此強壯無法改變，克拉普只能一次次消沉及追憶。

四、不垢不淨的空性，無憶無慾的觀者（聽者）

貝克特讓人與記憶是雙重存在，產生了二元的對立性—身體和思想（記憶）、聲音與耳朵聽覺、聽者與說者、觀眾與主角、知覺主體與被知覺的客體。記憶做為一個容器，容納了人的生命碎片的經驗，雖然人與記憶有著二元性，但是其中有著更多重的碎片的聲音，碎片內隱含不同的情感、人格特質、身邊的人事物體驗等，自我在其中面對著不同角色間的角力、爭奪與協商歷程。在《克拉普》劇中，這種二元對立性，錄音的聲音是一個外化的他者，當下的自我與這個他者有一個投射性的對話。奧古斯丁寫到，頭腦執行三個功能，即期望、注意和記憶。它期望的未來經過了它關注的現在，進入了它記得的過去。

記憶現身的舞臺是一個複雜的世界——內在外在聲音的相互作用、自我認知的多元觀點、行動被心理驅動的複雜性、意志或喪失意志、過去現在未來的同時性、回憶的重覆、放慢加快的多種模式、記憶痕跡和遺忘等等，我們也像

克拉普的反應，作爲記憶的聽衆，這些喚起了我們自己知覺到很多微不足道但不可避免的多元性、同時性和碎片化的感覺。Bernard Beckerman（1986）寫道：

「像聽衆一樣，我們也在傾聽著交織的記憶……一段可能的過去的獨白，試圖釐清我們實際存在的『那個時候』。當我們集中注意力理解記憶交替的線索時，我們面臨一個問題，貝克特之前提出過但現在以另一種方式提出的問題：聽自己的聲音是否能勾勒出我們生活的連貫形象？除了當我們自己回憶的聽衆，我們還是什麼？」（譯者　郭淑惠）

過去回憶的取出其實有著人的主體性，將此時此刻的能量灌注以及對未來的渴望想像，James Olney指出，克拉普的錄音機上的兩個卷錄音帶提供了一個視覺上的平行，與奧古斯丁描述的時間從未來到過去的流逝相對應。克拉普「聽著他的生活故事從左邊的期望錄音卷軸上經過，穿過錄音機磁頭，對應當前的敘述，然後被右邊的記憶捲軸接收——當它被倒帶時，又變成了期望的卷軸。」（Olney, 1993, p.864）（譯者　郭淑惠）。69歲克拉普在一開始從39歲錄音帶上聽到的和後來的反應，正像是奧古斯丁背誦詩篇的經驗。

39歲克拉普的聲音從錄音帶傳出：

「今天我三十九歲了……剛聽著那些逝去了的日子，

碰巧就遇上。我沒在簿子上查，但最少也是十到十二年前的事了。……這些逝去的下午令人厭煩，但我總覺得它們——（克拉普關掉錄音機，沉思，接通錄音機）——有助於開始一次新的……（猶豫）……回憶。真難想像我曾經那麼年輕。那嗓音！天哪！那種抱負！（簡短地笑，克拉普也跟著笑）那份堅決！（簡短地笑，克拉普也跟著笑）特別是還想節制喝酒（Krapp獨自輕笑）。」（《克拉普》劇39歲卡拉普的錄音內容）（譯者　申舶良）

奧古斯丁背誦一首聖詩的經驗：

「假設我要背誦一篇我知道的詩篇。在我開始之前，我的期望是延伸到整篇詩篇。但是一旦我開始了，我從中摘取並讓其成為過去的任何部分都進入了我的記憶領域。因此，我的這個行動的生命在兩個方向上延伸，一方面是向我的記憶，關於我背誦的內容，另一方面是向我的期望，關於我將要背誦的內容。但是，我的注意力始終存在，並通過它，未來的事物變成了過去。隨著我不斷進行背誦，期望變得越來越短，而記憶變得越來越長，直到所有的期望都在這個行動的整個過程結束並進入記憶時結束。整篇詩篇的真實情況也適用於詩篇的每個部分和每個音節。同樣適用於任何長時間的行動，其中詩篇可能只是其中的一部分。這也適用於一個

人的整個生命，其中他所有的行動都是其部分。」（Rotelle,（Ed.）.1997,p.309）（譯者 郭淑惠）

　　克拉普人生的荒謬性在於他不斷的反芻過去的記憶，也像是背誦一則詩篇（寫好的人生腳本），沒有未知與可能性。Antonino Ferro（2018）認爲所有的人，不僅是新手分析師，都必須保護自己不受已知事物的禁錮，應該把理論放在一邊，不是把它奉爲神蹟。被崇拜的正統的觀念或公理，阻礙我們的視野。如同《克拉普》劇舞臺的強光，過度強調了錄音機中的記憶，阻擋了生命中更多未知的探索，窄化了觀衆的視野，看不到暗處中的玄機。

　　「讓我惱火的是精神分析身上的一種歷史性，……好像精神分析師有某種特性，導致我們像阿米什人拒絕使用汽車或手機：執意要騎馬、坐馬車、戴黑帽等。……伊底帕斯的光汙染阻礙了我們看到其他許許多多的東西。是時候把伊底帕斯調暗一些，好讓我們觀賞到其他的星系，所有其他的情緒、情感構成的情意叢，它們正在經歷一場革命的變化。」（Ferro, 2018, p.81）（譯者　曹思聰等人）

　　Bion（2005）重視「觀察」的價值，他認爲我們要儘量清楚地瞭解在自己的經驗中眞正觀察到了什麼，不要在意書籍、聽到的內容或任何其他東西；並且使用口頭表達方

式，你要決定要使用哪些詞彙，制定你自己的個人詞彙表。就像Ferro提到伊底帕斯這個詞所帶來的「光汙染」。Bion指出，我們不得不借用的語詞，就像是被磨得無法辨認的硬幣，我們不知道它們的面值和價值，卻拿著它們來交換。他又提出：這就像外科醫生在手術前後都需要磨快手術刀一樣。我們在引用經典或是他人的語彙時，需要在使用這些詞彙之前和之後對它們進行再確認、經過自己的加工和磨礪，創造自己的語彙庫。

在一個分析的場景，需要有一位被分析者的「在場」，然後有一位分析師，所有發生的事情都被看成是兩人心靈（minds）之間交流的結果。精神分析中最重要的不是過去或童年發生的事情，而是在分析小節的「此時此地」（here and now）中被分析者與分析師之間的關係，並且轉化（transformations）的時機也會恰好發生於「此時此地」（Ferro, 2018）。精神分析的工作，不是聽著一個重覆的錄音帶在反芻，也不是有固定版本可以詮釋潛意識。

Bion（2005）認為我們被大量的資訊轟炸，震耳欲聾的噪音，使得很難發現我們真正觀察或想要觀察的「東西」——或者說它們非常微弱，淹沒在這一堆噪音中。Ferro（2018）認為分析師像是沒有指南針的嚮導，與被分析者一

起成為潛意識的創造者。分析師是一個「魔術師」，使用圖像和文字的魔力，分析師改變了（被分析者）內在的現實，他騎著龍，驅除了惡魔：他為想像、創造、荒誕和未經思考的事物開闢了一個空間（Ferro, 2018, p.6）。當來談者播放著回憶的錄音帶時，分析師需要成為一個創造者、魔法師、做夢者、無知（not knowing）者，才能開創出一個可以思考、做夢和探究O的空間。

時間之謎像是Bion所謂的終極現實O，是宇宙最奇妙的維度。斯芬克斯之謎題便包括著時間在人身上的造化。斯芬克斯是希臘神話中獅身人面怪獸，他給俄狄浦斯出了一個謎題是：什麼東西早晨用四隻腳走路，中午用兩隻腳路，傍晚用三隻腳走路？俄狄浦斯回答：「是人。」當俄狄浦斯答對了。斯芬克斯羞愧墜崖而死。「斯芬克斯之謎」比喻著複雜、神祕、難以理解的問題，可以視為對心靈的一種試煉，解出謎題的答案就在人自己的身上。

「老斯芬克斯咬著厚嘴唇，──說：『誰教你起名字的？我是你的靈魂，同伴，我是你眼中的光芒』。你是那沒有答案的問題；如若你能看到你的真正的眼，它總是在問，問；每個答案都是謊言。所以，沿著大自然去尋找答案，穿越千萬種自然世界；不斷探尋，你披著永恆的外衣；時間是

虛假的回答。」——Emerson《論自然》，2018, p.1225）（譯者 郭淑惠）

　　時間流逝對照著永恆不滅，然而認出時間是一個幻象，便沒了短暫與永恆的二元對立，也沒有因果的時間順序。Bion（1977）提到「一些患者反復重述他們有一些特殊的經歷，並給出原因——將它作為他們表述的一部分。這種持續的重複表明一種心態，這種心態適合只生活在因果世界中的人。但是因果關係只有在物質的世界才是一個顯著特徵的世界—而不是人的世界、角色的世界或人格的世界。當患者總是告訴我們他感覺『因為……』，他正在迴避一種存在於他和另一個角色以及和另一個角色之間的特定關係。（p.51）」（譯者 郭淑惠）。

　　因此，當我們看不到「什麼」處於過渡狀態、共存的心理狀態的模型的視野時，我們會尋求基於因果關係和確定性的解釋。對於比昂來說，因果關係僅意味著事實的一系列時間順序。Bion幫助我們殺死了因果關係之龍，為產生意義的無限宇宙的心靈敞開了大門。（Meltzer, 1978, p.85）

　　《金剛經》說，過去心、現在心、未來心皆不可得。想要得到的心是「有所住心」，有所住時，對世間事物便興起了美醜、善惡、是非、對錯等相對比較心，六祖惠能提到

「因境而觸，遂生其心，不知觸境是空」。心經談到一切都是空相，諸法空相的性質：不生不滅，不垢不淨，不增不減。凡人容易在色聲香味觸法中執著，我執攀附在這其中，執著於事物的兩端而以之為真實。垢淨相是世間事物的因緣和合形成，我執在觸境時便分別心，忽視事物中無常與變異的真理。

被選取出來的記憶，不論是好的壞的，總會引發情感：開心、難過、生氣……，因為我的執念以及顛倒執著的妄想，使得我們會起分別心，心便失去了自由。對記憶有好壞，事物有垢淨，處在一種偏執—分裂位置（paranoid-schizoid position），是一種主觀分別的幻覺。「想像力萎縮了，變得像我所說的『不毛之地』一樣」（Bion,2005）。當我們以《心經》的觀察，觀察我們時刻的心心念念，照見五蘊（色受想行識）皆是空性，超越了存在和不存在的不可思議境界。

克拉普每年生日都要錄音的儀式行為，讓保存的實體容器（錄音帶），將記憶保留，可以不隨著身體皮囊老化死亡。可以用一種操弄的方式加速、倒退、暫停，反覆重播來對待人生，這是人對生命主宰的一個卑微的期待。Bion（2005）提到梅蘭妮·克萊因說，嬰兒將客體分解成碎片，

不生不滅：破碎的孤獨，比昂（Bion）苦苦尋找著心經的心聲？

然後排出體外；她將這描述為「全能幻想」。但有時患者會盡其所能擺脫所有令人不快或不愉快的感覺。反覆重播回憶或是對未來有預期的慾望，都是有一種好壞的分別，一但偏離熟悉與期待，便感受到被迫害。

Bion認為分析師應該要放棄記憶和慾望（無憶無慾），以一種無知來面對所有的發生，在經驗中去學習。Ferro（2018）認為這是Bion很重要的負性能力，這是一種能否處於懷疑和無知的狀態，而又不會因此感到被威脅、內疚、驚恐的能力。他表示就像看電影時，電影螢幕突然停掉，這一刻不需尖叫或是打電話給消防隊，而是靜靜地坐著等，等待事物的成形，這也是經驗的一部分。

Bion從濟慈（John Keats）那裡借用了「成就語言」（the Language of Achievement）、「消極能力」（Negative Capability），John Keats（1817）問道：「什麼品質可以形成一個成就者，像莎士比亞這樣的人，那就是消極能力……，能夠在不確定、神祕、懷疑中生存，而不會發怒地追求事實和理由。」消極能力相當於處於本質現實（O）的狀態。Bion很重要的信念是對分裂碎片（ragmentation）和無知（not-knowing）的耐心，同時從O的頂點去觀察，比昂將未知想探索的事物以O來表示，

當O是事物本身、不可知的事物、神性、終極實相、或在筆者稱之為空性時，讓我們以O作為頂點來思考我是誰、生命是什麼、宇宙永恆……，一切的未知。

Reiner（2018）描述詩人經歷無限能量的湧現，產生了超越單詞理性意義的聯想、隱喻或象徵。她將成就語言的語詞比擬為一隻40噸的鯨魚突然在飛行中，給這些語詞帶來一種偉大的重量和意義的感覺，同時又帶有一種無重感。當心靈以超越記憶、欲望和理解的狀態，在那個神祕狀態中，就像在夢中一樣，一個人的經驗從因果關係轉變，喚醒生命在時空連續體中永恆和相對意義的經驗。後者是一顆無處可尋的心，因為它是無處不在，是轉瞬即逝的變化和無常的無限現實的一部分（Reiner 2018）。

69歲所剩無幾的生命可以憑弔的只有一堆曾經被編織、篩檢過的記憶錄音帶。克拉普從儀式行為開始反芻回憶，用過去的光景的強光打造時光隧道，強光下眼睛是無法探索黑夜中滿天星光。Bion（2005）提出「觀察」的比喻並不是依賴生理的眼睛去看，他推崇John Milton失明後無法依賴雙眼，他在《失樂園》詩中說他希望能夠「看到並講述對凡人視力不可見的事物」。觀察和聆聽，不依賴凡人的眼和耳，是為了要照亮和聽到內心深處幽微之處。

「我需要你，天上的光明

照耀內心，通過她所有的力量照射心靈

輻射著，目光深植其中，一切迷霧消散

淨化並驅散，讓我得以看見並講述

凡人肉眼看不見的事物。」（John Milton：《失樂園》，

p.81）（譯者 郭淑惠）

　　Bion引用佛洛伊德觀察到了「出生的印象深刻的斷裂」
（formidable caesura of birth）（註2），Bion認識到，
差異和連續性，存在和不存在，獲得和損失，生命和死亡，
somapsychotic和psychosomatic等僅是同一現象的不同方
面，同時在頭腦中保持這些對立面的困難反映了人類保持創
造性斷裂（caesura）的困難。到生命盡頭之前，要保持在
超脫生死的斷裂（caesura）頂點（註3），或是空性的不生
不滅，不垢不淨，不增不減作為頂點，剩餘的生命不論是一
分一秒，都還是可以找到一些方法進入所關心的領域，即關
心可以做的事情，而不要過多地關心無法做到的事情。
　　克拉普在生命結束前，所剩無幾的時光，荒謬地找出重
聽已無活力記憶庫存或是反芻失去原汁原味的情感片段。在
學習精神分析或是經驗生命上，停留在古蹟的考古是一種損

失。Ferro（2018）表示這像是捨棄乘坐《星際迷航》的宇宙飛船去探索未知的空間，反而去了博物館；我們要去的地方是無處之所（non-places），應該成為偉大的探索家。此時此地存在著一種潛能，所有的空性使得一切的因緣和合成為可能。「如果你正在尋找真理的睡美人，困難的是在所有這些荊棘中開闢出一條道路。但我只需要說，『發揮你的想像力』。」（Bion, 2005）人作為命運的主宰，對時時刻刻的經驗保持著一種負性的能力，在好奇、創意與遊戲的心，靈光乍現的剎那，創造一種新的可能性。

註1：比昂提出的「基本假設團體」（basic assumption goup）三個動力現象：依賴、配對和打帶跑。

註2：佛洛伊德（Freud, 1926）在《抑制、症狀和焦慮》（Inhibitions, Symptoms and Anxiety）一書中，指出：「子宮內生命和最初的嬰兒期之間的連續性，比令人印象深刻的生產過程的分界線有更多的連續性」（p.138）。

註3：對於Bion來說，caesura成為分析師和分析者可以觀察到精神分析會談中發生的現象的頂點，本身可以成為觀察的物件。Robinson （2015）指出它可以用於理解人生中的里程碑，如出生或死亡，但也可以用於反覆發生的不那麼戲劇性場合，當我們面臨從一個狀態到另一

  不生不滅：破碎的孤獨，比昂（Bion）苦苦尋找著心經的心聲？

個狀態的挑戰時。它可以用於揭示心理運動的微小組成部分（微觀）以及終身發展旅程的總體（宏觀）。它使我們能夠注意到在特定和一般情況下朝向或遠離與客體世界的遭遇的運動。

參考文獻：

1. 申舶良譯。《克拉普最後的錄音帶》劇本。https://ppfocus.com/0/en952d686.html

2. 曹思聰等譯（2019）。星際漫游：當代精神分析指南（Ferro, A. & Nicoli, L. (2018). *The new analyst's guide to the galaxy: questions about contemporary psychoanalysis.*），機械工業出版社。

3. Beckerman, B. (1986)，'Beckett and the Act of Listening', In Enoch Brater (ed.), *Beckett at 80/Beckett in Context*. New York: Oxford University Press, p. 158.

4. Beckett, S. (1999). *Beckett's Dream Notebook*. John Pilling (ed.), Reading: Beckett International Foundation.

5. Bion, W. (1970). *Attention and Interpretation*. London: Tavistock. (Reprinted London: Karnac, 1984.)

6. Bion, W. (1988). Notes on memory and desire. In E. B. Spillius (Ed.), *Melanie Klein today: Developments in Theory and Practice, 2*, pp. 17-21). Taylor & Frances/Routledge.

7. Bion, W. (2005). *The Tavistock Seminars*. London: Karnac.

8. Bion, W. (2018/1977). *Two Papers:'the Grid'and'caesura'.*

Routledge. (Original work published 1977)

9. Emerson, R. W. (2018). *The complete works*. e-artnow.

10. Maude, U. (2002).The Body of Memory: Beckett and MerleauPonty, in Richard Lane (ed.), *Beckett and Philosophy*. Basingstoke and New York: Palgrave), pp. 108-22.

11. Meltzer, D. (1978). *The Kleinian Development-Part 3: The Clinical Significance of the Work of Bion*. Perthshire: Clunie Press.

12. Milton, J. (2005). *Paradise lost*. Oxford University Press.

13. Olney, J. (1993). Memory and the narrative imperative: St. Augustine and Samuel Beckett. *New Literary History, 24*(4), 857-880.

14. Reiner, A. (2018). *Bion and being: Passion and the creative mind*. Routledge.

15. Robinson, M. (2015). *Mapping the Caesura. Canadian Journal of Psychoanalysis, 22*(2), 326-338.

16. Rotelle, J. E. (Ed.). (1997). *The confessions* (Vol. 1). New City Press.

郭淑惠

諮商心理師

新竹《心璞藝術》心理諮商所所長

精神分析取向心理治療師

臺灣分析治療學會候補理事

臺灣精神分析學會會員

臺灣藝術治療學會專業會員

松德院區《思想起心理治療中心》心理治療師

台北市立大學教育學系教育心理與輔導組博士

聯絡方式：xinpu48@gmail.com

破碎地說完現在，聽完過去的破碎，走向未來的無處之所（non-places）

與談人：葉安華

今年六月，我去都柏林的三一學院參加研討會。走進校園商店，看到Beckett的紀念商品，我念著這個似乎見過的英文名字，Bec--kett, Beckett，突然覺得這好像是去年蔡醫師要我談的那個人，急忙滑手機找到蔡醫師的訊息，嗯，貝克特，念起來有點像，於是我再Google，發現真的就是他。這樣的巧遇讓我當下興奮了一兩秒，緊接而來的就是高度的焦慮：這好像是一個很偉大的人，但我對他一無所知。這個無知帶來的焦慮讓我突發奇想：還是，買一個有Beckett肖像的紀念品來代替報告嗎？

結果，我沒有買Beckett的紀念品，因為我根本不認識他，當下也不想認識他，或是說，不想面對對他的無知，想跟他保持距離。

克拉普在69歲這一年，翻出39歲那年錄的錄音帶，聽到 "a-dying, after her long viduity"，他困惑了，仰頭來回念這個應該知道（因為是他自己講的），卻又陌生（忘記意思）的詞，於是他去查字典：「成為了……或保持著

不生不滅：破碎的孤獨，比昂（Bion）苦苦尋找著心經的心聲？

——一個寡婦或鰥夫的情形——或情況……寡居時的沉重喪服……也是一種動物的名稱，特別是一種鳥……文鳥或稱織布鳥……文鳥！」於是，他可以繼續播放錄音帶傾聽。

從寡居到喪服，再到文鳥。最後他選擇了文鳥的解釋。

我沒有買貝克特的紀念品，克拉普選擇文鳥的解釋。我知道我不想看見自己的無知，那克拉普不想看見什麼？寡居？母親？母親寡居？還是自己寡居？

兩段看似沒有相關的敘事段落，不知爲何就在我的腦袋裡連起來了，成爲我這篇回應文的開場。從我的無知開始，喔不，從我不想面對我的無知開始。

文字和錄音可以編寫記憶，透過回憶，創造新的記憶

卽使用文字記下來了，當情境脈絡消失，同樣的文字也可以形成不同的意義，有不同的解釋，然後，記憶就可以被改寫了。

卽使用錄音錄下來了，透過機器操作開關或倒帶，也可以只選擇自己想要的片段來回憶，然後，就可以自以爲是地享受回憶。

淑惠文章一開始便引用了Bion（1988）的話：「記憶總是以一種不真實的方式記錄事實，因為它受到無意識力量的影響而產生扭曲。」

貝克特在《克拉普的最後錄音帶》這齣劇／劇本中，似乎把那扭曲就這麼活生生地讓觀眾／讀者的我們觀看閱讀。

69歲的克拉普想要重溫二三十歲的生氣勃勃，放縱的飲酒與性愛，曾經擁有的親密熱情，這可能是他挑選39歲這捲錄音帶來回憶的初衷嗎？在找出這捲錄音帶的過程中，他的表情和語言帶著一種使壞的興奮：「這小壞蛋」、「這小無賴」。在聽這些段落時，他也開心附和著大笑。老年的他，想要透過青春回憶提醒自己（和觀眾），這是我啊！

但現實的人生歲月，又怎麼可能只有那充滿生之欲的美好呢？

69歲的克拉普，同時又對39歲自己的某些部分嗤之以鼻？或是想要擺脫？

「剛聽聞那愚蠢的雜種的錄音，居然是三十年前的我，難以相信我曾經那麼差勁。感謝上帝，無論如何那一切都結束了……」

有時克拉普關掉錄音機，似乎是想要停留回味某些片刻，特別是跟女人有關的時刻；但有時，關掉錄音機似乎是

想要跳過某些片刻，不想面對（聽見）曾經的自己：

　　「……當時我突然看見的就是這個，也就是我終生所持有的信念，即是──」（不耐煩地關掉）

　　「……最後我清楚知道，我一直努力掙扎著要壓制的黑暗，實際上是我最──」（詛咒地關掉）

　　「……直到我把風暴和黑夜消融於瞭解的光明和火之中──」（大聲詛咒著關掉）

　　對此刻的主角而言，因為記得，所以要關掉，那是不想面對（聽見）的，無法忍受的。在黑暗的房間舞台，年輕歲月在灰暗的一年（精神上是極深的陰鬱和貧乏的一年）曾有充滿火焰理想色彩的信念與光明想要上場，卻被主角生氣地斥退。記憶中當年的理想與光明，對比現實裡此刻的頹廢與晦暗，是如此不堪？

　　但有時，即使寫下來，說出來，沒有被關掉，好像也未必想要看見。劇中幾次提到母親，多半是與死亡有關的意象，沒有太多的描寫，好像只是一種順便提到的背景：

　　看到簿子上記著：「終於母親安息……嗯……這黑球……黑護士……腸胃……春分……愛情。」回憶從安息一路走到愛情；或是聽到錄音帶：「……是母親垂死躺著的地方……在她長久寡居之後……」接著他開始查詢寡居的意

思，最後興奮地得到「文鳥」的解釋。

讓她上場，卻無視於她，我感受到矛盾的敵意。

我沒有讀過貝克特的自傳，但從一些閱讀到的片段似乎可以拼湊出他與母親關係的困難：

「從他出生以來，每次都保留著母親子宮裡可怕的生活記憶。當他感到快要窒息時，就是在承受這種痛苦……」（Chevigny, 1969, 摘自王明智，2023, p. 48）

「……與母親的分離是一個困難的過程，然而靠近母親同樣也是一種威脅……」（Oppenheim, 2001, p.780）。

「確定的是，當時貝克特並沒有按照比昂的要求與母親分手，而是每次見到她時都感覺痛苦，之後反而與比昂分開，單方面決定在1935年聖誕節結束他的分析……」（Anziue, 1989, 摘自王盈彬，2023, p. 156）

到這裡，Attacks on linking的概念很自然地飄進我的腦袋，Conner（2008）認為若要用Bion的概念來理解貝克特，attacks on linking 似乎是最合適的。貝克特對正統英文母語的排斥、離開母國、作品中一再出現對母親的攻擊，甚至於當年主動結束與比昂的治療，似乎都被視為是一種attacks on linking的展現。對聯結的攻擊是為了活下去吧？但斷掉聯結又像是另一種的死亡……。哎呀呀，我的腦袋又

飛快地跑到是枝裕和的《怪物》劇中，最後讓我無法停止流淚的畫面：孩子們只有死亡，離開「保護」他們的大人世界才能真正地活著啊！

錄音機與錄音帶——是外化的記憶，是編寫記憶的工具，也是連結許多自我的裝置

　　淑惠在文中提到貝克特在劇中將錄音機作為記憶的隱喻，被外化到自我之外，記憶被視為是一種類似於物理非人的機器盒子，記憶的主人與錄音帶記憶有著二元性，被具象化成無法完全控制的客觀他者。

　　舞台上，克拉普與記憶（錄音機）是兩個形體，克拉普在劇中拼命地操作機器，會不會有一種可能，因為記憶被放到外面，放到可操作的機器上，反而可以讓主體隨意操作？如果是在心智裡，是否就無法操作了，因為總有著無法控制的潛意識出來搗亂，讓不想想起的記憶跑出來。

　　或是，克拉普想要自己是主體，透過關、開、到帶、重播，選聽或跳過錄音段落；但同時也不是主體，因為當他做選擇時，記憶有了好壞分別，再次提醒自己生命中有些不想面對的黯淡（汙垢）長存於生命中，即使他可以不斷重聽

那青春（純淨）段落。每年的錄音與重聽，記錄自己現在是誰，提醒自己曾經是誰，透過一個外在物體把現在的自己與過去的自己延續起來，操作自己的記憶，形成自己編輯的回憶錄。

錄音機與錄音帶把記憶與主角分開，但Connor認為錄音帶可以把不同時空的自我連結起來。

「……錄音帶似乎是最能將時間困境具象化的一種媒介，將我們與我們的失去聯結在一起，使我們能夠回憶起我們不再記得的事情，讓我們與無法擁有的事物保持聯繫，使我們能夠仍然是我們不再是的樣子。錄音帶延伸也消碎我們，將我們分散於我們存在，卻無法擁有的時間中。」（Connor, 2014, p.101）

在舞台上，主人與記憶分開，因為分開，觀眾讀者才有辦法看到這個人與記憶的關聯，愛與恨並存的矛盾關係。主角拼命想要操作記憶，重複播放想要的記憶片段（熱情與性愛），關掉忽視不想聽的記憶段落（失敗與死亡）。這個原本只能在心裡操作的機制外化到舞台上，透過演員誇張的面部表情與肢體動作讓觀眾感受到他對於自己人生的矛盾心情，看到他卡在現在與過去的困境中。

這個過程好似治療情境，個案把自己的記憶搬到這個與

治療師同在的時空中，有意識或無意識地將有些部分多說停留，某些段落跳過刪除，說給治療師聽，也說給自己聽，自己是說者也是聽者，治療結束，個案帶著記憶離開，繼續他的人生。這些記憶透過這個被說被聽的歷程，再次回到個案的身上時，會有一些不一樣嗎？每一年當克拉普聽完過去，說完現在，下一年的人生會有什麼不同嗎？

我突然想起自己當年寫論文的經驗：

「我開始點閱之前寫給birdy的信，翻閱那年的行事曆，於是心裡最深層的痛與苦，一點一點從泥沼中被清出來，當我一字一句地書寫，這些被清出的苦痛就一層一層地被疼惜地擦拭著，沾在上面的泥巴被清掉了，真實的苦痛就清楚地存在於我面前，然後我看著它哭啊哭，淚水模糊了我的視線，我與它的界線也模糊了，於是它跟我合而為一，它又再次重回我的心靈深處。」

這個將記憶汲取出來又回到原本之所在的過程，讓我聯想到Winnicott在《文化經驗的所在》所提：「這個分離不是分離，而是一種結合的形式。」（Winnicott, 1967，周仁宇譯）。嬰兒能夠好好地與母親分離（結合）長大，那是因為嬰兒能夠把母親放在心中，記在心裡，而這個前提是，母親能夠提供一個夠好的環境讓嬰兒得以從融合到分離與結

合，能夠允許彼此是兩個分離的主體，但也是結合的。

　　我想到一些母親與孩子，好像跟克拉普與錄音帶的關係也滿像的。母親把子宮裡的孩子生出來，克拉普把腦袋中的記憶搬到外面；母親認真地照顧孩子，小自穿著風格與飲食習慣，大到志趣交友和人生規劃，克拉普拼命地在舞台上調整錄音機的播放片段；母親期待為孩子打造出一條去垢存淨的人生道路，貝克特希望錄音機撥放的是自己的青春歲月；母親經由調整孩子，讓自己得以美好存在，克拉普透過調整錄音機，認可自己的美好存在。於是，孩子的主體性是母親的化身，克拉普的主體成了錄音機；孩子消失了，克拉普也不見了。如淑惠文章一開始的標題，若記憶成為主體，人去了哪兒？

　　治療空間可以是一個夠好的環境嗎？可以把記憶還給記憶，主角還給主角，然後，主角擁有記憶，也沒有擁有記憶。

<blockquote>

從聽到拒聽，從說到不說；
說了，好像就可以聽完了。

</blockquote>

　　克拉普在劇中反覆重播那激情美好，但總在最後一刻關掉，不想聽到後面。當他準備要開始錄新的錄音前，東摸西

不生不滅：破碎的孤獨，比昂（Bion）苦苦尋找著心經的心聲？

摸做一堆動作，感覺要開始靠近此時此刻的自己好困難。

　　他先從批評過去的自己開始，想要彰顯現在的自己是比較好的嗎？然而現在的自己，還是很難節制飲酒與吃香蕉；現在的自己，只能跟骨瘦如柴的老娼妓廝混一兩次。

　　他試著敘說，破碎的片段、停頓、疲憊、沉思、失敗的事業、流逝的愛情、燙傷眼睛的熱淚、停頓、咳嗽、喘息、停頓，橫臥在她身上吧。

　　他關掉錄音，換上原本那一捲，轉到他要聽的那段錄音，再次播放那段已逝的美好……但這一次，他在最後沒有關掉，他讓自己聽下去：「也許我最好的年歲已經過去了。那時還有個幸福快樂的機會。但是我不要它們再回來。現在我心中已無熱情之火。不，我不要它們回來。」

　　聽完錄音帶的克拉普，依舊一臉茫然孤單地呆坐在舞台上，一動不動地注目著前方。

　　聽見老去的真相，看見死亡的隨時到來，自己可否能夠好好老去？

　　　始於無知，休止於無知，再開始……

　　自從發現答應這個邀約是自不量力之後，我拼命搜尋相

關資料，下載文獻，胡亂啃食，想要在短時間內吃進許多知識，以遮蔽自己的無知，最後只是讓腦袋塞爆一堆「好似正確」、「看似水準」的語言片段與關鍵字詞，這些去脈絡化且無法消化的訊息就如Bion（2005）所言，對我而言只是一堆震耳欲聾的噪音，讓我無法聆聽其他的線索，特別是來自埋藏在這堆閃亮噪音下內心的微弱聲音。

因著自己的執念與妄想，讓本無垢淨之別的經驗想法開始有了分別心，為了想要產出「淨」的智慧，反而讓這些華麗的噪音堆積成「垢」塞入腦中，讓我的心智被「垢」所堵塞，無法呼吸，無法運作，無法想像，也無法作夢，更無法自在地看戲。

淑惠在文章最後提到Bion從濟慈（John Keats）借來的「負性能力（Negative capability）」，我想在此給自己一個空間，看看能否讓此能力有機會滋長，讓自己能處在懷疑和無知的狀態，又不會感到慌亂被威脅。就如同69歲的克拉普在劇終時聽完錄音帶，雖看似茫然、懷疑與不確定，但若能在此時此刻與自己的混亂、碎片與無知共處，生存下來，便有機會不再受困於過去，進而往未來的，淑惠所引用Ferro（2018）文中的「無處之所（non-places）」前進。

參考文獻：

1. 王明智（2023）。《等待果陀》心死後：搞不清楚比昂，沒有關係。載於邱錦榮等人（合著）：餘生－餘地：兩個難搞的人搞出了兩把後現代刷子Bion＝?Beckett（頁37-99）。薩所羅蘭。

2. 王盈彬（2023）。《等待果陀》轉身是餘地：今晚不會來，但明天一定會來。載於邱錦榮等人（合著）：餘生－餘地：兩個難搞的人搞出了兩把後現代刷子Bion＝?Beckett（頁145-165）。薩所羅蘭。

3. Beckett, S. (1970). 克拉普最後的錄音帶（胡業勤譯）。載於顏元叔（主編）：貝克特戲劇選集（頁189-205）。驚聲文物。（原著出版於1958年）

4. Bion, W. R. (2005). *The Tavistock Seminars*. London: Karnac.

5. Connor, S. (2008). Beckett and Bion. *Journal of Beckett studies, 17*, (1–2), 9–34.

6. Connor, S. (2014). *Beckett, Modernism and the Material Imagination*. New York, Cambridge UP.

7. Oppenheim, L. (2001). A preoccupation with object‐representation: The Beckett‐Bion case revisited. *The International Journal of Psychoanalysis, 82*, 4, 767-784.

8. Winnicott, D. W. (1967). The location of cultural experience. In D. W. Winnicott, *Playing and reality* (pp. 95-103). London: Tavistock.

葉安華

諮商心理師
中原大學諮商中心主任
中原大學通識教育中心助理教授
北一區大專校院學生輔導工作協調諮詢中心委員
臺灣精神分析學會會員
臺灣心理治療個案管理學會理事
桃園市諮商心理師公會理事

不增不減：時間、記憶、回憶，以及深層孤獨裡的幽默

陳建佑

　　佛洛伊德《論幽默》中（Freud. 1928），提到的可親的超我，可以安撫被現實震撼的自我，並且協助減輕潛抑的程度；自我可以使用超越的態度面對現實的挑釁（超我開了個玩笑：這個危險的世界，只不過是孩童的遊戲），此自戀的勝利也同時發現，從更廣闊的視角來看，自我無關緊要。

　　這樣的描述，要如何走，才不至於在走向世界的途中，也走向虛無？幽默不只是在開玩笑，更是在尋找介在真實與尚未準備好接受現實的自我，這兩者之間的緩衝；或也如溫尼考特描述的過渡空間，在其中主體的幻想與現實交會，創造出的新意利於主體的適應。

　　劇中有許多被描述得詳盡的動作，意味著它們都有其意義，也可能因為還藏有更多意義，因此需要如此被記得；像是錄音帶詳實地記下克拉普在39歲的那一晚所說的所有事，連貫的話語即使鏗鏘有聲，也可能有著如那些細瑣的動作一樣，隱含未明的意義。精神分析的治療室中，也不斷上演現

在回頭觀看過去，帶來新的意義，或者拿過去的記憶片段，作爲理解當下碰觸到的，一直都沒有形成意義的部分。

「現在我想知道我指的是什麼，我指的是……【猶豫】……我想我指的是那些事是值擁有的，當所有的灰塵都——當我所有的灰塵都落定了。我閉上眼並且試著想像它們。」（註）（中譯取自申舶良，以下不再重述。）

何以人會在「塵埃落定」後，再回頭想？還是意味著心智比較能思考靜態的畫面、一個平面、或者一個過往時間的切點、一個已經結束的事件，彷彿來到一種與自己解離的狀態，較能觸及未形成意義的部分？會否在這個狀態的反面——塵埃未定的時候，我們難以抓握一個確切的事實，而難以思考，更像是一種實情的反應：其實沒有任何事是可以確定地被賦予一個結論的。

如克拉普在錄音帶裡反覆尋找，提到一段與一位女性邂逅的經驗：

「最常憶起的是一個黑皮膚的年輕美人兒，一身白色的護士服，程式化的動作，無與倫比的胸部，推著一個帶大黑篷的嬰兒車，像極了葬禮上的玩意。我每次朝她那兒看她都

也正看著我。然而當我鼓起膽子跟她搭話——沒人介紹我們認識——她威脅我說要叫警察。好像我要對她的貞操圖謀不軌似的！【笑。停頓】她那臉蛋兒！那眸子！就像……【猶豫】……橄欖石！……」

　　在過去這段時間裡找尋的，是意識中慾望的那段回憶裡的感官刺激？還是這份需要不停尋找的慾望，是做為更深層且未知慾望的再現？我們真的能確定地說「這就是了」？

　　回到治療室的情況，當我們說「我準備好了」意味著我有能力不斷分析自己、足以自己替自己串聯起許多精神分析的理論與自身狀態的意義？那是存在於心智中的正反合，一種可以玩的狀態（是A、是-A，或者是B、C、D……？）；而在心智裡運作的那些，來到真實生活中，與另一個人的關係則是帶來更多更廣的正反合。或像 Bion 描述的從軍的感受：

　　「當我在第一次世界大戰中參軍時，我努力學習操練和所有與之相關的事，但當我被晉升為軍官時，我真的以為我是一名軍人。我發現我一開始就是無知的，而且我看到的動作越多，我就越明顯地意識到我確實對它（作戰）知之甚少——而且到最後還是無知。我很幸運沒有因為完全無

知而被殺。」（Wilfred R. Bion. 1977.07.05, Tavistock Seminars. Routledge. 2005）

　　然而，Bion透過身體的做與經驗，這個相當「在時間當下」——畢竟我們能做的、能經驗的就是受限於時間——的事，讓自己在無知中活下來；也如同我們在面對個案，一個真實客體的潛意識未知時，只能不斷地經驗與思考，才能走出活路。人際場域是分析的參與者施加在對方身上——意識或潛意識的——所有這些影響的總和；另一方面，這個場域是這些影響的結果，是在這兩人之間，源於彼此相處的方式而創造出來的關聯與經驗。（Donnel B. Stern. Unformulated experience, dissociation, and Nachträglichkeit. Journal of Analytical Psychology, 2017, 62, 4, 501-525）

　　活路類似於 Bion 描述的啟發（illumiantion）：

　　「一個……不確定的點，在這個點上，一個人覺得有什麼東西被擊中了。但大多數時候，你必須忍受這種怪異的、或者它不對的感覺。這是很難做到的，因為啟發（illumination）的瞬間是極其罕見也非常少的。我安慰自己說，一個人看了一個病人，比如說，五六年之後，可能會有三次啟發的時刻——三次就足夠了。我指的是適當的啟

發，真正的那種。有一大堆理性的解釋，被理性地接受；這一點也不困難。人們可能有數百萬種所謂的『正確』的詮釋，但真正起作用的是具有啟發性的情況。如果他們兩個人都能忍受，他們便能維持足夠長的時間來等它發生。」（Wilfred R. Bion. 1977.07.05, Tavistock Seminars. Routledge. 2005）

是在這種內在時間與外在時間分別的正反運作中，出現的合。這也是在為與某些困難個案的工作中找尋出路，例如個案會極度想要用他們的「時間」、或者發生在過去，因為創傷而來的時間再次塑造一種「不動的時間」，如果在彼此互動中，未真正產生身體的經驗，各自在各自的時間裡不動，那便象徵著沒有理解，如重演著創傷當下的解離；解離不是將已經創造的經驗從意識中排出然後扭曲它、或將其隱藏在心智中的某個地方。解離意味著在當下經驗的無創造。（ibid.）

想要給予事件結論的欲望又是怎麼回事？

「『生』這個概念是我們心的創造。一旦認為有生，就代表有死，然而在究竟實相裡，無生無滅。出生，意味著你從無變成有，但觀看雲朵，它並非如此。雲出現在天空以前，並非是無，之前她是海洋裡的水，是太陽製造的熱力，

也是升到天空中的水蒸氣。當我們看不到天空中的雲時，它並未死去，只是變成了雨或者雪。『死』這個概念也是我們心的創造。從有變成無是不可能的。」（Thich Nhat Hanh。一行禪師講《心經》。士嚴法師，江涵芠，張秀惠譯。橡樹林。2021）

只能從一個端點開始進入潛意識，是在時間框架下的無奈，這樣的歷程彷彿重演著出生的困惑：我要如何記得出生前的事、要如何記得「可以記憶」以前的事？也如夢境，我們不會知道這個夢在開始之前的模樣。

Bion 引述猶太哲學家著作〈*I and Thou*〉的段落（Martin Buber, 1923）「在母親的子宮裡，他知道宇宙，並在出生時忘記它。（... in his mother's womb man knows the universe and forgets it at birth.）」；生命開始用物質世界的方式存在、溝通與思考，但我們忘記了，在能夠使用世界的語言以前，便存在一個機制，使得生命可以使用語言。這或許可以連結到《心經》的說法，我們的生，是世界的生，思想的產生並非等同真實，或許只能說是真實的一種樣貌，或者一種形式。想要得到結論的慾望，是否是這種無可奈何的再現？面對與自己緊密關聯，卻無可探知的部分，Bion 提到的O讓人耳目一新，這是對他而言，用來暫

代一個他想要描述，卻無可得知的領域：

　　「我覺得假設有些東西是我不知道的，但我想要談論它，這樣對我很有用；因此，我可以用一個O、或者是零、或者是虛無（nought），來代表這個東西，就像是某種有東西存在的地方，但我很難理解。我只能依據我過去所獲得的知識以及繼續收集更多知識的能力來前進。至少在這方面，我認為我們是受到我們感官所帶來資訊的囚徒。」（Wilfred R. Bion. 1977.07.05, Tavistock Seminars. Routledge 2005）

　　無法知道的事，是因為能力不到「呈現給我們的整體情況，超出了我們的能力範圍，正如我們假設嬰兒無法理解我們稱它為成人的世界那般一樣。……它們是現在和可能未來的智慧和知識所依賴的材料。它現在不可理解，因為我們的心智（mind）不適當或不適於理解它」（Bion, W.R. Two Papers: The Grid and the Caesura, London: Karnac.1977/1989。蔡榮裕譯）

　　「……她那臉蛋兒！那眸子！就像……【猶豫】……橄欖石！【停頓】啊好嘛……【停頓】我就在那兒當——【克拉普關閉錄音機，沉思，重新接通錄音機】——死亡這

瞎子降下，那些骯髒的棕紅色波浪般的事中的一件，我正把球扔給一條白色的小狗。剛好抬頭看到它在那兒。全都結束了，終於。我拿著球坐了一會兒而那條狗一直對我又吠又抓。【停頓】此刻。她的此刻，我的此刻。【停頓】那條狗的此刻。【停頓】最後我把球丟給牠，被牠用嘴接住，輕輕地，輕輕地。一個小的，舊的，黑色的，硬邦邦的，實心橡膠球。【停頓】我會一直感覺到它，在我手中，直到我臨死的日子。【停頓】我應當留著它。【停頓】卻把它給了那條狗。」

　　這段與女子的回憶跟隨的，是克拉普想要留著的、一直能讓他感覺到的某物，順著動物般的慾望離開自己了。降下的是「瞎子（the blind）」，而「憔悴的瞎子（A drawn blind）」為「死亡」的古老代稱；意味著在克拉普感受到如死亡般盲目、或盲目般死亡的當下，在三者的時間交錯之際，被他感受到了。在這個 moment 被丟出去之前，確實有什麼打中了他。

　　面對有什麼，但仍不可知的狀態，可能發生且被感受到的，是我們在知識（K）的轉換——Transformation in K，T（K）。突然有新的想法、或者靈光一閃。但 Bion 認為，

T（K）則是源於在O之中的轉換：

「比昂在1970年討論了O的轉換，T（O），將其作為一種，在一個未被表徵的層面上，新的情感經驗，可能在分析中發生一兩次，但這使得分析可以終止。這個例子顯示了 Bion 所描述的T（O）的特徵：它是一種意外發生且在經驗層次上不可求的經驗，其結果是心智變化。」（Rudi Vermote,《Reading Bion》, Routledge. 2019）

O之中的轉換與成為O（become O）常被視為同一件事：「在會談中成為O（become O）意味著與「區（the zone）」、幻覺層（halucinatory layer）、未分化的心智功能層級接觸。相較而言，思考、控制和判斷通常會導致脫離這種心智狀態。成為O是此時此刻與患者同在的一種純然情感經驗，藉精神分析設置（分析框架和基本規則）成為可能，它允許分析師嘗試保持自由懸浮注意力、維持盡可能的開放，正如比昂所說，在時空框架之外進行分析。分析師可以最大程度地認同病人，同時不感到分隔地接觸他／她自己內在發生的事情。」（ibid.）

就像Bion描述的，我們無法認識O，只能成為它。「認識」是世界與意識的語言，而「成為」是潛意識的語言；克拉普在劇中的種種動作，也許更貼近後者，因為它尚未「被

說」，處在「生死之間」。在頻繁中斷的錄音帶中，過去的自己說的話，彷彿是在過去的時間軸拉出「之間」

　　「如果你是一位詩人，你會清楚地看到一朵雲飄浮在這張紙裡。沒有雲，就不可能有雨；沒有雨，樹木無法生長；沒有樹木，我們無法造紙。雲，是造紙所必須的。如果雲不在這裡，這張紙就無法在這裡。因此，我們可以說雲與紙相即。我們把『相即』譯作interbeing，字典裡沒有這個詞，但如果我們把前綴 inter- 和動詞 to be 加在一起，就有了一個新的動詞：inter-be這就是interbeing的由來。」（Thich Nhat Hanh。一行禪師講《心經》。士嚴法師，江涵芠，張秀惠譯。橡樹林。2021. p.14）

　　過去眾多彼時，重新被想起，伴隨「想起」這個驅力的慾望被發現，記憶也得到不同的意義；乍看無關的兩事的關聯被發現了，相即也如治療室中二人在無可確定的不適中，不全然認同形成的詮釋，而是持續思考別的可能性，並且在這個看似毫無進展的眾多片刻裡等候啟發，最終成為治療的第三者──是過往僅有一種角度的主觀世界的死亡，也同時是新生。

　　「更深刻地觀察，我們可以看到，我們也在這張紙之中。這不難看到，因為當我們看著這張紙，這張紙便成為我

們感知的對象。腦神經科學家愈來愈清楚地知道，我們無法確定地說，在我們的感知之外有一個客觀的世界，也無法說有一個存在於我們心裡的純主觀的世界。一切——時間、空間、大地、雨水、泥土裡的礦物、陽光、雲朵、河流，甚至我們的心識——都在這張紙裡。存在，即相互依存。你無法獨自存在，而必須與萬物相互依存。有這張紙，是因為有其他萬物。」（Thich Nhat Hanh。一行禪師講《心經》。士嚴法師，江涵芠，張秀惠譯。橡樹林。2021. p.14）

若僅是依照視覺與觸覺，認為紙就只是紙，給定一個答案、若僅是將記憶看做「一件曾發生過的事」，或者將記起這個回憶的原因視為「就只是想到過去的事」，那麼得到的答案將如法國歐陸哲學家 Maurice Blanchot的名言「答案是問題的不幸」，Bion補充說到「這就是殺死好奇心的原因。當你讓問題得到回答，且如果它被允許發生得太頻繁，你的好奇心就會結束。」

克拉普在錄音帶這塊回憶裡找的，是我們聽到的有（positive），還是被快轉略過的無（negative）？他總是在最適當的時機切斷並且快轉，猶如記得那些曾經發生卻未能發聲的話語：

「那是精神上深重的陰霾和貧乏交織的一年，直到三月那個難忘的夜晚，在防波堤的盡頭，咆哮的風中，永不忘記，當我猛然間洞悉了一切。終極的畫面。這奇妙的景象是我今晚最該記錄下來的，以防有一天所有該做的都做完了，也許記憶裡再剩不下一星半點，熱或者冷，為那個奇蹟那……【猶豫】……為那將它點亮的火。我突然間看到然後就是它，這信念我一輩子都堅持著，那便是——【克拉普不耐煩地關掉錄音機，將錄音帶快進，再次接通】——巨大的花崗岩，泡沫飛濺在燈塔的光束中，風速儀旋轉得像個螺旋槳，我終於明白我總在抗爭並試圖駕馭的黑暗其實——【克拉普咒罵著，關掉錄音機，將錄音帶快進，再次接通】——無法分割的聯合體直到我分開暴風雨和夜晚用那理解之光和火——【克拉普更大聲地咒罵著，關掉錄音機，將錄音帶快進，再次接通】——我的臉埋在她雙乳間，我的手在她身上。我們躺著一動不動。而我們身體下面一切都在動，也動搖著我們，上上下下，從這邊到那邊。」

在這些「有」裡頭，我們清醒地迷路——注意力是在「清醒」而非「迷路」，而迷路在切斷與快轉中，是有什麼發生了，但我們只能感受。

不生不滅：破碎的孤獨，比昂（Bion）苦苦尋找著心經的心聲？

Bion描述「O不是一個抽象的思想,而是O的經驗。在精神分析中,它是一個具體的臨床體驗,通常由分析師一方的徹底開放來促進。置身於言語思維之外,就是盡可能地接近無限,處於未分化的模式中。在比昂的觀點中,對精神分析而言重要的區別不再是有意識和無意識之間的區別,而是有限和無限之間的區別。」(Rudi Vermote.《Reading Bion》. Routledge. 2019)關於這份無限,他提到到「幻想於三維精神世界的再現,允許其中某物可以被投射和涵容。若無空間再現,投射物就會進入一個如此『大』的精神空間,以至於引發精神病性恐懼的反應。」(ibid. p.144)

想接觸這種過於龐大,使心智難以負荷的眞實答案,或許得在不停地分析中工作,直到啟發來臨前,每天透過發現更多事(過去是迷路的)來發現自己仍在迷路,把現實中的這些五十分鐘,變成是清醒的夢一般:在其中,有更多事情可以被勾連現身,但他們可能離理智/外在世界越來越遠。每個片刻都是斷裂,詮釋前與後的這一瞬間,都不再是過去我們所想的那樣。

「比昂還描述了一種反向的動作;『夢見夢的夢者(the dreamer who dreams the dream)』關注所見的生活事實、人爲世界的經驗與感官並將之轉換;創造關於它們

的意象、假設與夢境。如此一來，這些經驗、感官與思考便足以接近Caesura（或譯作：停頓、休止、中斷……）之後的區域。分析師可能嘗試促使兩個世界間的運作，這兩種在Caesura兩側的運作方式，透過說著身處O與K相遇的頂點所浮現的語言，透過觸及O的直覺。」（ibid.）

Caesura是兩個世界相遇的端點，出生前與後、有語言與沒語言、治療師與個案的語言之間……或許也可將過去與未來的現在，視為Caesura，在此發生的有無限可能：要按照過去的時間性，來決定過去與未來的因果關係也好、要打破這個時間性，賦予過去新的意義，讓現在成為因，而過去成為果；在這個交會與停頓，賦予兩側新的可能。

【停頓】
「Ah well……」
【停頓】

換個方式來描述，精神分析的另一個術語，事後作用（Nachträglichkeit），「它顛覆了時間的常識性概念：過去是後來的基礎。它意味著因果關係的方向，其中從當下的會談中賦予意義……來構建過去。反過來，這段過去開啟

  不生不滅：破碎的孤獨，比昂（Bion）苦苦尋找著心經的心聲？

了構建未來的可能性，從而提供了一種特定形式的心理因果關係。在這裡，起因被認爲是一種可能性的情況，而不是一個條件與另一個條件的關係。……在現實生活中，我們從來沒有看到或體驗過這種純粹的自發性，因爲我們讓自己的思想擁有這種程度的自由的能力，總是受到我們早年遭受的失望、失落和屈辱的影響，一路至今。」（Donnel B. Stern. Unformulated experience, dissociation, and Nachträglichkeit. Journal of Analytical Psychology, 2017, 62, 4, 501-525）

在沒有確定答案的苦澀等待中，記憶帶著過去的無意義來到現在，或者說現在總是回憶過去做爲當下無意義的語彙，一來一往，在聽與說的人之間、在思考與行動之間，我們慢慢走下去。

「——摘醋栗，她說。我再次說我認爲這是毫無希望的，繼續下去也毫無意義，她同意了，眼睛沒有睜開。【停頓】我要求她看著我，過了些時間【停頓】，過了些時間她這麼做了，但眼睛只瞇著，因爲陽光太刺眼。我彎下身將她的眼睛遮在陰影中，她的眼睛就睜開了。【停頓。低聲】讓我進去。【停頓】我們在鳶尾花叢中漂浮並合而爲一。它們

下垂的方式，在莖前喘息！【停頓】我躺在她身上，臉埋在她的胸前，手放在她身上。我們躺在那裡一動不動。但在我們下方，一切都在移動，並且悄悄地帶著我們，上下搖動，左右擺動。」

【停頓】（克拉普的嘴唇動著。沒有聲響。）

以往的午夜。從不知如此的寂靜。大地上彷彿渺無人煙。

【停頓】

「到這裡我就結束了這捲。第一【停頓】—三盒，第一【停頓】—五捲。【停頓】也許我最好的時光已經過去了。當我有幸福的機會。但我不希望它們回來。現在我內在的火不適如此。不，我不想讓它們回來。

【克拉普一動不動地盯著前方。磁帶靜靜地繼續播放。】」

註：劇本《克拉普最後的錄音帶》中譯取自申舶良。（ h t t p s : / / p p f o c u s . c o m / 0 / e n 9 5 2 d 6 8 6 . html?fbclid=IwAR3c6lPjLx_fMii7GpcbTyt1G2mSVwi6VC8crnKj e5RYUKSdnIXlv49hPnI）

不生不滅：破碎的孤獨，比昂（Bion）苦苦尋找著心經的心聲？

陳建佑

精神科專科醫師

臺灣精神分析學會會員

精神分析取向心理治療師

臺灣分析治療學會理事兼決策創意團隊成員

臺灣心理治療個案管理學會會員

高雄市佳欣診所醫師

聯絡方式：psytjyc135@gmail.com

從回不去的過去，誕生出的無限與永恆

與談人：吳立妍

　　這是我第一次接觸貝克特的劇本，剛開始讀感覺挺沉悶和沉重，像年老的克拉普重聽自己三十九歲的錄音那樣，經常會有新奇同時困惑不解的感覺，不知道這個衣衫襤褸的怪老頭到底想要做什麼，也不知道貝克特到底想要表達什麼，跟我在讀Bion的文章時感覺相似：晦澀難懂。準備與談的過程中，幾度興起放棄的念頭，還好在幾近絕望時隨意翻起去年此時「薩所羅蘭」的《餘生─餘地》研討會所出版的書籍，讀到裡面幾位報告者及與談人跟我有類似的心情，心中油然升起一種被陪伴與理解的溫暖感覺，再讀到蔡榮裕醫師當時說的一句話：「我們都在努力中，想要在不懂裡活下來」，瞬間感覺被鼓勵和支持到。

　　再來我想起周仁宇醫師（2022）在《休止符》課程第一堂提到，Bion晚年轉變主張，認為要從理智上的思考（transformation in K）來回溯到個案原始的、無形的經驗誕生的那一刻（transformation in O）是不可行的，唯有從變成個案、體會個案的經驗開始，才有可能知道無形無限的經驗O到底是怎麼回事，又是如何轉化成有形有限的經

不生不滅：破碎的孤獨，比昂（Bion）苦苦尋找著心經的心聲？

驗K。因此我決定放下許多學過的知識與理論，嘗試打開自己的心靈接受器，準備來接收貝克特與Bion傳送過來的各種狂野思想與漂流思維，讓他們跟我自己的狂野思想與漂流思維碰撞，看看會激盪出什麼樣的思想與感覺出來。

在回憶裡，重新認識與理解過往的自己

我被劇本開頭的第一句話給吸引：「未來一個夜深的晚上」（取自顏元叔主編《淡江西洋現代戲劇譯叢(5)貝克特戲劇選集》，胡業勤譯，p.187，淡江大學出版中心。以下皆同版本，不再另行註明。）帶給我一種時空錯置的感覺，心想這故事究竟是發生在現在還是未來呢？接著我們看到一位六十九歲的老翁克拉普獨自在房間裡做著許多重複又細瑣的動作：來回踱步，摸索衣袋，取出信封與鑰匙；分別打開桌子的兩個抽屜，細看翻找一番；拿出大香蕉來吃，一根接一根；翻開舊帳簿閱讀著，然後興致勃勃找出第三盒第五捲錄音帶，放進錄音機俯身傾聽。隨著錄音帶開始播放，我們才知道，老翁聽的是自己三十九歲生日時所錄下的聲音，從錄音中可以發現，三十九歲的他，正在做著跟六十九歲的他相同的事情：一個人待在自己的房間，穿著破舊的衣衫，

細思慢想著往事；在信封背面寫下筆記；吃著一根又一根香蕉；在黑暗處走動；同時他也在收聽往昔的一年，估算是他二十九歲時，自己所錄下的錄音帶！

我們可以從錄音帶斷斷續續的聲音，以及筆記片片段段的文字中，知道那些年克拉普經歷了一連串失落：父親生病離世、母親長期寡居後安息、與愛人分離、寫的書只賣出十七本……，每當聽到過去有重大失落的地方，現在的克拉普就會關掉錄音機，或者沉思，或者倒轉重聽一次，或者起身走入舞台黑暗處，不久黑暗處傳出打開瓶塞的聲音，猜想他是在喝酒吧？

三十九歲的克拉普，在錄音帶中說到：「今晚異乎尋常的寂靜，我盡力傾聽卻聽不見一點聲音。老小姐麥克葛羅慕總是在這時刻唱歌。但今晚她沒唱。她說是她少女時代的歌曲。很難想像她曾經是個少女……如果我活到她的年紀——假使我活得到，我會不會唱歌呢？不會的。（停頓）」（胡業勤譯，p.191）年少的他信誓旦旦自己年老時不會像鄰居老小姐那般唱歌，然而，六十九歲的他卻在聽完三十九歲的他這段錄音後，在黑暗裡顫抖地唱起歌來：

「現在白晝已逝，

  不生不滅：破碎的孤獨，比昂（Bion）苦苦尋找著心經的心聲？

黑夜正挨近來，陰影——」（胡業勤譯，p.193）

　　他唱的歌詞彷彿就在訴說著年華老去的他此時此刻的心境：青春的韶光已然逝去，迎面而來的，是漆黑的無望的夜晚，以及步步逼近的死亡的陰影。也彷彿在替三十九歲的他感嘆那些年失去的親人、愛情與理想。過去與現在，看似平行，卻又巧妙地在同一個時空，同一首歌曲當中，交疊呼應著。

　　年老的克拉普，聽著年輕的克拉普娓娓訴說著那一年發生的事情，以及當年的種種想法和感覺，並且在聽完以後錄下當下的想法和感覺；而年輕的克拉普，則是聽著更年輕的克拉普，訴說著那一年發生的事情，同樣在聽過以後錄下當下的想法和感覺。這一切看起來是如此地重複，卻又不盡然。

　　我們看到垂垂老矣的他，是那麼專注地在聽年輕的他說話（貝克特描述克拉普在聽錄音帶時，姿態是整個人俯身機器上，把手掌合成杯狀置於耳後貼近著聽），這應該跟他的重聽毛病有關，不過看起來他確實聽得津津有味，常在聽到一些敘述時，他會關掉開關，沉思，或者倒轉重聽一次；也會對一些字詞感到困惑不解，還會拿出字典來翻查意義。有

時候他會跟著錄音帶中的自己一起笑，有時候會因為不耐煩而快轉，有時候還會突然哼唱起一小段歌曲，讓我覺得眼前這位老頭子其實還蠻可愛、蠻有生命力的。

　　仔細推敲，每次他關掉開關、沉思，或者倒轉重聽、快轉，或者拿出字典翻查，或者不禁哼唱起歌曲的地方，應該都是引發他很多情感或者好奇的地方，可能是感到憂傷而必須暫停，可能是覺得有意思需要多加品味，也可能是無力面對失落的沉重而想要快轉。不知道老克拉普以前有沒有聽過這捲錄音帶，劇中他表現得像是第一次聆聽自己的錄音，對過往的自己感到好奇、興趣，想要更多了解彼時彼刻的自己到底怎麼了？發生了什麼事？在體驗著什麼？為什麼會說出那些話語，伴隨著那些感覺？透過細細咀嚼品嚐過去說過的每句話，可以在舊的回憶裡，聽出新的意思和感覺來。

　　「難於相信我曾是那年輕的小伙子。這聲音！耶穌啊！以及這些熱望！」（胡業勤譯，p.192）
　　「剛聽完那愚蠢的雜種的錄音，居然是三十年前的我，難以相信我曾經那麼差勁。」（胡業勤譯，p.197）

　　現今的克拉普在收聽錄音帶的同時，也在重新認識和理

解過往的克拉普。

　　我想如果是我，重聽起三十年前自己的錄音，應該會跟克拉普有類似的感想，覺得既熟悉又陌生，既尷尬又可笑吧，甚至我根本不敢播放出來聽！這很像是拿起自己多年前寫的日記或者文章來讀，也像是做精神分析心理治療的過程，在治療室一遍又一遍對治療師訴說著相同的記憶。錄音帶（註一）、日記、文章，以及精神分析心理治療，我覺得都像是一種容器，裝載著各種大大小小、有形無形的記憶經驗，等待著有朝一日能夠被準備好的，足夠強大到能涵容的心靈給消化與理解，再回饋給我們，讓我們吸收。

　　我想起Bion在1959年論文《對連結的攻擊》中提出：「當病人努力讓自己擺脫對他的人格來說感覺太過強大，而無法涵容的死亡恐懼時，他將這些恐懼分裂出來，放進我這裡。這種想法顯然是說，如果它們被允許放在那裡足夠長的時間，它們將被我的心靈調整修正，然後能夠安全地重新內攝。」（吳立妍譯，p.312）克拉普的錄音帶，也在將他過去還無法消化與理解的經驗或者感覺，先錄起來存放著，等待未來的某一天拿出來播放收聽時，有機會重新被消化與理解。

　　我在治療室裡的經驗也是這樣，當眼前的個案再次對

我說起相同的回憶或者經驗，如果我可以像是第一次聽到那樣，放下既定的印象與概念，抱持著好奇與開放的心靈，去仔細聆聽他們在說與想說的內容，有時候會聽到跟先前不太一樣的感覺與想法，這可能是在治療過程中個案的情感或者想法上發生了轉變，也可能是我聽出了我之前沒能聽見或者沒能聽懂的經驗和感覺，即使只有一點點，也會帶給我一種驚喜，小確幸的感覺！

將無形無限的經驗O，透過休止符，轉化為有形有限的經驗K

　　Bion在1977年其中一場Tavistok Seminar曾指出，「一定有很多思想是我們無法看見，或者可能不被表達出來的。但是就我們所有人而言，如果我們能想像我們可以保持心靈的接受性，這會是有用的。我特別想到這些我認為四處漂浮，正在尋找思想家的狂野思想和漂流思維。但是當然，這意味著我們必須準備接受這種思想或概念，無論它以什麼形式呈現，無論它有多麼瘋狂。」（吳立妍譯，p.31-32）
　　Bion主張這些還無法看見，還不能用言語表達出來的狂野思想和漂流思維，存在於原始的、尚未分化的經驗O裡。

他又引用Freud將嬰兒出生比喻為「休止符」的概念，進一步發展成為既打斷也連結兩個看似截然不同，實則有連續性的區域，休止符的這一邊是無形的、無限的、無法感知與言說的經驗O，另一邊則是有形的、有限的、可以被感知與言說的經驗K。

這些概念讓我聯想起本劇的舞台設計，很有意思，只有前方的桌子和緊鄰的地方位在強烈的白光中，其他部分都在黑暗裡。克拉普有時身在前台亮光處，有時又會走入後台的黑暗裡，彷彿象徵除了眼前看得見的動作、聽得見的聲音，讓我們得以認識克拉普這個人，其實還有背後那片廣袤無邊的黑暗之地，值得更多探索和發現，我想那一大片黑暗，就代表著克拉普內心那塊尚屬未知，無形無限的經驗K吧！

此外，克拉普無論在說話或者聆聽錄音帶時都有許多停頓、沉默與沉思的時刻，第一次閱讀時感覺頗惱人，後來再讀再體會，覺得這些停頓與沉默沉思其實很有意思，他們更貼近人們喃喃自語的情況。我感覺克拉普每一次的停頓、沉默與沉思，或者他那些隨意聯想，他對往昔自己的評論，就像是一個又一個的休止符，試圖更接近那些被壓抑在潛意識中，仍然在流浪，或者尚未誕生，無以名之的思想經驗，他持續嘗試為他們找到語言與形體，讓他們成為可以被意識感

知到的，對自我的認識。

現今的克拉普，透過過往的錄音帶，重新認識昔日種種經驗，理解當年的自己，到底發生了什麼事情？有著什麼樣的感覺與思想？這過程很像精神分析心理治療，治療師透過詮釋，個案透過自由聯想，將此時此刻在移情中所感知到的思想與感覺，嘗試轉化為另一種思想與感覺，將個案從一種心智狀態轉化到另一種心智狀態，透過一次又一次的轉化，嘗試探索和理解那些未知的、還沒有語言可以描述的經驗。Bion在他1975年的論文《Caesura》就有提過：

「但是人無法回到童年或嬰兒期，我們必須在當下有一種可以穿透那個屏障的闡述方法……」（周仁宇譯，p.40）

「有無限多種不同的休止符。它們該如何被穿越？我們必須重新考慮自由聯想與詮釋的過渡特徵（transitive characteristic）。與此相反，存在著我們可能會稱之為病患或分析師最終能到達的地方——蛇梯棋的100分處。從一個到另一個的過渡路途中，有很多的蛇和梯子。每個自由聯想和每個詮釋代表我們所分析的情境的變化。即使是錯誤的詮釋也會造成改變；虛假（故意虛假）陳述的形式的錯誤信息改變情境。我們能多快意識到變化了的情境，即使是不利的情境變化，我們能多快看到並好好利用？」（周仁宇譯，

p.43-44）

　　我也想到Winnicott在1971年的論文《遊戲：創造活動與找尋自己》提到：「各種事物不斷發生而後衰亡。這是你已然死過無數次的死亡。但是，如果有某個人在，某個能夠把發生的事物還給你的人，那些被如此處理過的細節就會變成你的一部分，就不會死去。」（周仁宇譯）

　　Bion和Winnicott好像在說的是同一件事：過去已然過去，我們無法回去；但是我們可以透過過去留下的遺跡，與發生在此時此刻的人生，理解過去。於是，無論是三十九歲、二十九歲、還是十九歲、九歲的的克拉普，伴隨著所經歷的各種經驗已經死過無數次了，但是透過聆聽錄音帶，讓過去的記憶重現天日，再經由六十九歲的克拉普重新思考、理解與解讀，那些無形的、無限的經驗，終於有機會誕生成為有形的、有限的經驗，進而內化成為克拉普這個人活生生的一部分。

　　劇尾的最後一段話：

　　「在此，我結束這捲錄音。第一（停頓）三盒，第一（停頓）五捲。（停頓）也許我最好的年歲已經過去了。那時還有個幸福快樂的機會。但是我不要它們再回來。現在我

心中已無熱情之火。不，我不要它們回來。（克拉普一動也不動地瞪著前方。錄音帶繼續在沉默無聲中旋轉著）。」（胡業勤譯，p.200）

　　錄音帶繼續在沉默無聲中旋轉著，彷彿也轉回本劇一開始的時候：「未來一個夜深的晚上」，於是我們可以想像，這樣播放回憶與體會思索的過程將周而復始，不斷重複下去。我記得小時候擁有許多錄音帶以及一台錄音機，那台錄音機會在錄音帶A面播放結束時，輪軸自動往相反方向運轉，接續播放B面的錄音。錄音帶就是擁有這種循環往復，一圈又一圈迴圈下去的特色，也像是人的回憶，雖然已經是過去式，只要開始記起，或者透過重複行動，演出內心的戲碼，那麼過去其實仍然活在現在，現在也可以活出未來。

　　因此錄音帶最後，克拉普雖然說要結束這捲錄音，也許他最好的年歲已經過去了，他不要它們再回來，但是隨著錄音帶繼續旋轉，我感覺這一切並沒有真正結束，它們隨時會再回來。印象最深刻的就是克拉普回憶起他與愛人在湖上漂流的小船，他們一動也不動地躺在船上，但是他們下面的一切都在搖動著，這段他與愛人分離前的情景，他重複聆聽了三遍，時間好像凍結在這非常憂傷淒美的片刻，永遠不會結

束。

六十九歲的克拉普最後在錄音時說道：

「否則就停在那兒。（停頓）。停在那兒。（停頓）。在黑暗中半躺著一遊蕩。再一次在小峽谷，在一個聖誕夜裡，採冬青樹，有紅果子的。（停頓）再一次在克羅漢，在一個星期天的早晨，在薄霧裡，帶著那母狗，停下步來傾聽鐘聲。（停頓）。諸如此類等等。（停頓）。再一次，再一次。（停頓）。所有的古老的痛苦與不幸。（停頓）。對你而言，一次是不夠的。（停頓）。橫臥在她身上吧。」（胡業勤譯，p.199）

「再一次，再一次，所有的古老的痛苦與不幸，對你而言，一次是不夠的。」Freud所說的強迫性重複，就是在此時此刻的重複行為中，記憶著潛意識的經驗。正是這種循環往復、永無止盡的特色，錄音帶，或者說記憶，讓我們已經逝去的片刻，不會真的過去，反而成為永恆。

最後引述耶穌會教師神父，也曾經是台大外文系老師的傅良圃先生（1993），在〈談貝克特的戲劇〉一文中所寫的一段我很喜歡的話：「對貝克特來說，人是落在時間的陷

阱之中。人欲求永恆，而他所擁有的一切卻是短暫與幻滅。他的精神向高處翱翔，欲求一個永恆的現在，可是卻陷入一個滴答滴答的時鐘的世界裡，一個昨日與今日，一個說出口便無意義的字的世界裡。」（羅泰典譯）。我想劇中的克拉普，就是這樣透過重複著細瑣的動作，聽著錄音帶不斷回憶追思過去的點點滴滴，讓轉瞬即逝，回不去的過去，轉化成為一種無限與永恆。

註一、維基百科（2023年10月17日）對於「卡式錄音帶」的說明，提到：「名稱中的『卡式』來自於法語詞 "Cassette"，意思是『小盒子』。」https://zh.wikipedia.org/zh-tw/%E5%8D%A1%E5%BC%8F%E5%BD%95%E9%9F%B3%E5%B8%A6
線上英漢辭典《海詞》（2023年10月17日）對於 "Cassette" 的英文解釋為："a container that holds a magnetic tape used for recording or playing sound or video." https://dict.cn/big5/search?q=cassette

參考資料：

1.Beckett, S. (1993). 克拉普最後的錄音帶，載於顏元叔主編，淡江西洋現代戲劇譯叢(5)：貝克特戲劇選集（頁

不生不滅：破碎的孤獨，比昂（Bion）苦苦尋找著心經的心聲？

185-200）（羅泰典、馬清照、胡業勤、彭鏡禧譯）。
淡江大學出版中心。

2. Bion, W. R. (2005). Seminar Three 5 July 1977. In Francesca Bion (Ed.), *The Tavistock Seminars (pp.29-38).* London: Karnac. （吳立妍譯）

3. Bion, W. R.(1959). Attacks on Linking. *International Journal of Psycho-Analysis,* 40:308-315. （吳立妍譯）

4. Bion, W. R. (1977). Two Papers: The Grid (1971) and Caesura (1975). *CWB X:* 33-49. （周仁宇譯）

5. Winnicott, D.W. (1971). Playing: Creative Activity and the Search for the Self. In *Playing and Reality*. London: Tavistock Publications. （周仁宇譯）

6. 傅良圃（1993）。談貝克特的戲劇，載於顏元叔主編，淡江西洋現代戲劇譯叢（5）：貝克特戲劇選集（頁1-13）（羅泰典、馬清照、胡業勤、彭鏡禧譯）。淡江大學出版中心。

7. 周仁宇（2022年11月10日）。休止符（Caesura）。吾境思塾Wilfred Bion課程第一堂，台北市，台灣。

吳立妍

諮商心理師

精神分析取向心理治療師

晴禾心理諮商所合作心理師

馬大元診所合作心理師

陽明交通大學健康心理中心兼任心理師

臺灣精神分析學會會員

無受想行識：年華老去，依然用心自己，希望體面過每一天

王盈彬

　　看到這一部由貝克特的劇本所呈現的劇場《克拉普的最後錄音帶》，就如同之前觀看過《等待果陀》這部劇一樣，隱隱約約的會出現一些待辨識的複雜感覺：等待、再等待、在等待中再等待。

　　從一開始懷著一種好奇與興奮感在等待著，但是又不知所以然的漸漸產生其他的一些感覺，會不會兩部劇有些類似，可能有一種重複，甚至到有點得不到答案的無聊感覺；猛然之間，又有一種隱隱約約的恐怖感覺，夾雜在這些重複的過程當中，彷彿好像一些未知的妖魔鬼怪，會突然在這些間隔中冒出來一樣，但是也許是習慣於已經先有的預設，看過了《等待果陀》後的心得，應該不會有這些恐怖吧，還是因為恐怖著實讓人難以招架，於是選擇了體面的答案？

　　看似簡單的語言、簡單的佈置、簡單的動作、簡單的鋪陳，卻讓人感受到的，或是一種無法預測的潛藏爆發，或是一種無趣情調的矯情做作，或者就是一種日常如夢境般的拼

拼湊湊。單人演出者的表情、眼神、動作、語言、聲調、帶給人的一種氣氛，是到處存在的斷裂與連結，散落在舞台的空氣之中。

於是，當我們被誘惑著觀察這些內容，我們便會開始思考，有意識或無意識的選擇要聚焦在那一個部分：要仔細聆聽主角的語言文字的排列組合，或是直看他行為動作的來龍去脈，或是尋找在這些組合設置中是否存在著一些蛛絲馬跡，最終總是想要合情合理的可以看懂這一齣戲，但是總是有一種暗暗重重的感覺在隱隱的鋪陳。最後，這一個合情合理，又是如何獲得的暫時終點？

一、無法思議（uncanny）

在英文的世界中，這一個字詞指稱的是，困難或無法解釋的一種神祕的或奇怪的狀態，並會帶給人一種不自在或不安的感覺。這在佛洛伊德的文獻中〈The 'Uncanny'〉（Freud, S. 1919），曾經有過一番整理。

「佛洛伊德談到了無法思議（uncanny）的面向，與似曾相識（déjà vu）（1901）、孩子對父母臥室噪音的體驗（1905b）、看到自己的分身（double）的體驗

（1911c）、以及男孩看到女孩生殖器的經驗（1910b）。然而，佛洛伊德（1919d）對這一主題最廣泛的探索是在他的論文〈這個「無法思議」〉中，他在其中描述了兩種可能的無法思議的經驗來源，但並不總是可以彼此區分。一個來源是來自被潛抑的嬰孩情結，特別是閹割情結復活的情況；另一個來源是由於嬰孩時期對『思想萬能（omnipotence of thoughts）』的信念，似乎再次變得合理。佛洛伊德還將這種『無法思議』與『強迫性重複（compulsion to repeat）』聯繫起來，這創造了一種『無法思議』的巧合感。」（王盈彬譯）（註一）

這一個相對完整的論述中，其中出現了對於「無法思議」這種現象的「可能」的來源的想法，順著在佛洛伊德建構的精神分析世界中，我們確實可以比較理解已經被標定的「可能知道」的部位。然而，在這其中所潛伏的不安感或是恐怖感，是相當重要的核心驅動力，也就是這些現象經驗和思考推論，其中要處理的是這些令人不安的感覺能量，而且是一種會「復活」的本質，如此一來，若是「知道」的部分無法涵括「不知道」的部分，和強迫性重複的概念連結起來，就也變得相對合情合理。

「當現實和想像、主體和客體間出現明顯無法消化的

衝突時，潛意識會採取一種行動，看起來像是以另一種衝突的呈現，但是更根本的是在保留一種等待的可能及注意力的轉移灌注，以求得未來重獲連結的可能性，也就如定義中的描述，謎團在等待著一個被解答的時刻前，自我所採取的行動，就是『強迫性重複』的概念。」（註二）

當代的精神分析師為這一個主題也做了一些整理，指出這一個無法思議的位置是坐落在極端的交界邊界，正如同在生死的交界一般，也因此其所帶動的驅力能量，必定不容小覷。

「無法思議（uncanny）的主題，吸引了來自許多不同領域的精神分析師和作家。這可以部分被解釋為一種神祕體驗所帶給我們的吸引力，這種體驗讓我們感覺到，在已知與未知、幻想與現實、理智與瘋狂、自體與客體、生與死之間的邊界。」（王盈彬譯）（註三）

二、「無」受想行識

「在新譯的英文版中，為了避免這樣的誤解，我譯為『五蘊並不獨立存在』。我們沒有直接翻譯為『無色受想行識』，而是說五蘊並不獨立存在。沒有獨立的你，也沒有獨

立的我。沒有一個獨立存在的身體，我們卻常常以為有。我們的心執著於『我』、『我的』、『我自己』，這些都只是妄想。」（註四）

這一個「無」，意味著「無法獨立存在」，也就是所謂的五蘊，在禪學的空性之中，都是相連動的組合運作，彼此依存。五蘊，是心經中所指出的構成人的五種元素，有其智慧之解，駑鈍之我為求理解以求未來進階，暫將五蘊比擬為我們白話文中的說法暫存：對一個具體物質的形象所產生的感受、想法、進行、識別。於是這些元素交互運作出我們所認識的有形世界和我們自己。而且依據心經的描繪，實相或虛相都是不斷流動的歷程，因此稱為空性或無常，這也是有形和無形世界的不停交流。在當代的電影作品中，也可以見到類似的陳述：

「生命，可能是以無法獨立完滿之形式所創造出來的，好比花朵，就算擁有雌蕊與雄蕊，也不夠完整，仍需要風與昆蟲的造訪，才能聯繫起雌蕊和雄蕊的關係……當花朵綻放，在日間飛行的昆蟲便立刻靠近，我是否也是為誰而存在的昆蟲，你或許也是為了我而存在的一陣風。」（註五）

由此部分對應到精神分析使用的語言中時，有一個常常被提到的觀察點，人類（嬰孩）在與世界（媽媽）接觸的開

始時，不只是身體的各種感知的運作，同時在精神層次的連動也幾乎同步的開始，這在Winnicott和Anna Freud對嬰孩發展的論述中，有許多細緻的描述，而精神分析企圖想要探究的面向，也並非是純生理的感官，而正是如何在生理的感官和精神的感受與想法的各種連動中，橋接失落的斷連。

「早期對母親身體的方向感，在整合的身體形象的構成中，起著重要作用，同時需要考慮到青春期的變化和流動性，以便能夠發生對原初客體的認同和分化。需要強調的是，正如比昂補充的那樣，與母親身體的關係『不是與解剖學有關，而是與生理學有關，不是與乳房有關，而是與餵養、毒害、愛、恨有關』（Bion 1959）。」（王盈彬譯）（註三）

三、當「無法思議」遇到了「無受想行識」：解離與重塑（dissociation and rework）

「青春期的變化引發了強烈的焦慮，再次喚起了嬰兒早期的強烈體驗和焦慮，而這些體驗和焦慮現在在一個完全不同的環境中被重新喚醒，即性成熟的身體（Bronstein 2000）。此時，身體變化可能會被視為青少年無法應對的災

難性變化（Bion 1970；Lombardi 和 Pola 2010）。」（王盈彬譯）（註三）

　　這一段話是精神分析很常觸及的一個階段性論述，在不同的身體發展階段，很容易出現一種斷裂和銜接上的歷程，就如同佛洛伊德在性心理發展的階段論述一般。在《克拉普的最後錄音帶》中，雖然我們看到的並不是嬰孩到青少年的歷程，反而經歷的是由老年回顧壯年，甚至是青少年的歷程，一邊是性生理的爆發，另一邊是性生理的衰弱，但是同樣可能會接收到了一種「無法思議」的狀態，也一樣有可能會面臨災難性的變化，看看我們或甚至在步入更年期的大眾，應該更有感觸。

　　「佛洛伊德得出的結論是⋯⋯在我看來，除了潛抑之外，『無法思議』的感覺，可以看作是由兩種同時運作的防衛機制產生的：投射性認同和自我解離。」（1919，249）。」（王盈彬譯）（註三）

　　當「受想行識」因應著色身（嬰孩、青少年、青壯年、老年）的不同狀態而流動時，就如同開始經歷一連串解離的歷程，各種不同的五蘊元素運作著其各自的宇宙，然後往新的有形身分運作組合前進，性發展可以是一個目標，性衰退呢？細緻的問，這期間甚麼被解離了，又會形成甚麼樣的新

組合？

「我不知道有哪項科學工作不是基於觀察的，這是一種極大的安慰，因為如果你能以觀察為基礎，那麼你就可以在這個非凡的主題中，得到盡可能接近事實的東西。」（王盈彬譯）（註六）

一種新的狀態正在進行解構及重新塑造的過程，會遇到甚麼事呢？觀察（observation）是一件重要的事，這在比昂對直覺（intuition）闡述中，可以得到充分的理解，他認為就如同醫學臨床家使用望聞問切的技術來作病理疾病的診斷；對於精神分析師而言，觀察是直覺的技術，而直覺正是用來接近最真實的心靈動態的一種存在。

「這個直覺的歷程，大致是經過這樣的過程。當我們以直覺來接觸到一個出現的事實（病毒或病人），感受到一種不安，無法以原本熟悉的機制來處理到來的事實（fact），也無法逃開時，我們必須先穩住原本部分的舊直覺，然後打開一個準備產生新直覺的空間，開始碰觸涵容這個事實，如同『K』的過程，然後一點一滴的轉化這些等待形成概念（concept）的前概念（preconcept）。這過程必須先放棄掉原本的直覺習慣，這意味著每一個決定，都是一種痛苦的過程，就像廢掉一部分原本的武功，甚至是全部，但是因為

有一種信念（「F」的運作）存在，想要連結（「K」的運作）未知的真實（「O」的運作）。因此這過程也需要一種負的能力（negative capacity），來放置其中所產生的痛苦。」（註七）

四、不朽與體面

生日，每年都會發生，舞台上69歲的克拉普，回放著自己在39歲的生日所錄下的聲音，而這個聲音正在回顧自己在青少年時期的種種想法與行徑。一樣的三根香蕉，一樣的錄音過程，隨著年紀和生命資料庫的不同，有了可能不一樣的吃法、聽法、想法、說法、做法。同時間69歲的身體也不由自主的動作著這種混合調整了身體與精神內在的記憶。這些不同年紀的種種面貌，有其互動的動力，彼此競爭著也合作著，於是也產生了相關後續的表現反應，也包含了不得不停留的終點。

「同時，她想要靠近我的願望讓她感覺自己正在進入我的身體，吞噬我，她害怕傷害我。但後來她害怕我也能進入她的體內。這讓她非常害怕，現在留在我身邊的唯一方法，就是讓一切變得令人興奮。」（王盈彬譯）（註三）

沒有人不喜歡年輕吧，有活力可以到處走走看看，有身體可以到處產生與別人的互動，當然性的活動也是一定屬於蓬勃的階段，這是一種不停歇的自戀，但是也是一種不停歇的留戀，正如佛洛伊德在他的文章〈On Transience〉（1916）所描述的一種人性在面對黃昏的狀態，夕陽無限好只是近黃昏。

　　「正如我們所知，所有美麗和完美的事物都容易腐爛，這會在心思中引起兩種不同的衝動。一個導致年輕詩人感到痛苦的沮喪，而另一個導致對所斷言的事實的反叛。」（王盈彬譯）（註八）

　　69歲的克拉普，到底在做甚麼？回顧甚麼？紀錄甚麼？整理甚麼？開創甚麼？這些舞台上的動作多數不會讓人難以理解，因為我們也都似曾相識。然而，那個「甚麼」是甚麼內容，我們猜的出來嗎？推敲的出來嗎？感覺的出來嗎？或許連克拉普自己都不知道。也因著這個「不知道」，這種想要解答這個「不知道」，或是想要減少這種「不知道」所帶來的各種感覺，於是重複著每次圍繞在「不知道」所運行的類似軌跡，一方面放心也逐漸壯大了這種立基在「不知道」的基礎上的各種反應，而說服自己彷彿「知道」了；另一方面，也可能逐漸斷去無法接受的各種反應，而說服自己不需

要「知道」了。漸漸的，各種新的「知道」和「不知道」，也就陸續產生了。

「我認為，在佛洛伊德對投射性認同機制的預見中，他提出了這樣的觀點：無法思議的感覺是由與『雙重（double）』相關的嬰兒期願望或信念所創造的。佛洛伊德將這種現象描述為這樣一種現象，其特徵是主體將自己與他人認同，從而懷疑自己是誰，或者用無關的自我代替自己。換句話說，自我是雙重的、分裂的、互換的。最後，同樣的事情不斷重複發生。（佛洛伊德 1919，234）」（王盈彬譯）（註三）

五、重返新的未知：在終點之前

「我試圖抗拒這一點；一種方法是將我在那次治療中看到的患者，視為全新的患者。這並不是那麼瘋狂，因為時間已經過去，人們也在變老。你今天看到的病人和昨天看到的病人不一樣；開始說一句話的人和說完一句話的人也不再是同一個人。這是一件相當痛苦的事情；我發現很難抗拒依賴於我對病人已有的了解，抗拒必須重新思考，必須應對這種情況，就好像它是一個全新的情況，我必須帶來新的想

法。」（王盈彬譯）（註六）

改變總是痛苦的，但是改變也是來自於痛苦，在直覺的運作下，每一次面對生命中想像或現實的不知道或是無法思議的我們，必須不斷拆解原來已經暫定好的狀態，來面對新的需要與狀態。也因此，我們的心靈多是一直不斷的重返回那一個比較不痛苦或甚至是美好的狀態與記憶點，當然每一次的記憶點也大有可能不都是一樣的，就像是《克拉普的最後錄音帶》中的不斷重返：語言、發音、動作、香蕉、想法……等。這也是佛洛伊德在強迫性重複中所提及的概念。於是，我們發現直覺的內容被諸如真實、痛苦、放棄、決定和成長之類的強大概念所包圍。

「第一、從實際的精神病理學的層次而言，強迫性重複，是源自潛意識中不可控管的朝向某種目標的進程。由於採取了這種行動，主體意識上故意將自己置於痛苦的境地，從而不斷重蹈覆轍，但同時間，他並不記得這個開始的原型……一般來說，被潛抑的部分，試圖以夢、症狀或行動的形式，在當下『回歸』：……一種未被理解的事物不可避免地會再次出現；就像一個未鬆綁的幽靈一樣，直到謎團被解開並且魔咒被打破，它才能安息。……在治療過程中出現的移情現象，證實了這種被潛抑的衝突，在與分析師的關係中

不生不滅：破碎的孤獨，比昂（Bion）苦苦尋找著心經的心聲？

有重新出現的必要性。」（王盈彬譯）（註九）

　　整理到現在似乎越來越清楚我們準備進行到的方向或目標，許多的「不知道」，透過各種感受、感覺、行動、覺察，就如同五蘊的宇宙運作，以及直覺的處理，被漸漸地知道了，可以收納到已知資料庫中。就在這看似接近熟悉的狀態時，我們又會重新經歷一個新的或似曾相識的無法思議（uncanny）。直到年華老去，依然用心自己，希望體面過每一天。

　　「伴隨著似乎與科學現實或自然法則的信念相矛盾的感知的怪異或怪誕的感覺。佛洛伊德將『無法思議（uncanny）』的經驗，與被潛抑或克服的想法的重新喚起，聯繫起來。因此，對鬼魂、魔法、萬物有靈論、思想的全能、或與伊底帕斯情結相關的潛抑概念的各種信仰（belief）一旦復活，可能會喚起無法思議的感覺。他指出，在德語中，表示『平常（homely）』和『熟悉（familiar）』的詞以及表示『無法思議（uncanny）』和『不熟悉（unfamiliar）』的詞是匯流（converge）的，因此最終『無法思議（uncanny）』的東西就是『熟悉（familiar）』的東西。這是被潛抑者的回歸（the return of the repressed）。」（王盈彬譯）（註十）

參考文獻：

註一：Auchincloss, E. L. and Samberg, E. (2012). UNCANNY. Psychoanalytic Terms and Concepts.

註二：整形之癮：王盈彬。「癮」是心理創傷的答案或謎題？薩所羅蘭，無境文化。

註三：Bronstein, C. (2019) "Is this my body?" Dealing with the uncanny in adolescence. International Journal of Psychoanalysis 100:1358-1370

註四：一行禪師。一行禪師講《心經》，橡樹林。

註五：空氣人形DVD，是枝裕和Koreeda Hirokazu，采昌國際多媒體

註六：Wilfred R. Bion. Chapter Seminar Four 3 July 1978. The Tavistock Seminars 2005. Routledge.

註七：改變中的直覺：王盈彬。除了瘟疫，還有人性在挑戰！臺灣精神分析學會，無境文化。

註八：Freud, S. (1916) On Transience. The Standard Edition of the Complete Psychological Works of Sigmund Freud 14:303-307

註九：Laplanche, J. and Pontalis, J.B. (1973). The Language of Psycho-Analysis. Int. Psycho-Anal. Lib., 94:1-497. London: The Hogarth Press and the Institute of Psycho-Analysis.

註十：Skelton, R. (Ed.). (2006). The Edinburgh International Encyclopaedia of Psychoanalysis.

不生不滅：破碎的孤獨，比昂（Bion）苦苦尋找著心經的心聲？

王盈彬

精神科專科醫師

精神分析取向心理治療師

臺灣分析治療學會決策創意團隊（Executive Committee）成員

臺灣分析治療學會發起創會會員

臺灣精神醫學會會員

臺灣精神分析學會理事

臺灣心理治療個案管理學會常務監事

臺灣精神分析學會《台南》心理治療入門課程召集人

英國倫敦大學學院理論精神分析碩士

王盈彬精神科診所暨精神分析工作室主持人

聯絡方式：https://www.drwang.com.tw/

與談人：廖偉翔

　　從貝克特的《克拉普的最後錄音帶》劇作中，王盈彬醫師論及「無法思議」和「強迫性重複」的關係。彷彿有什麼活生生的東西在裡面。究竟是什麼力量，驅動著這個追尋的過程？驅動著人們去做什麼的力量，無論是創造或破壞，便可以說是所謂的「驅力」嗎？但，臨床上常見的狀況，常是某種腳本重複地發生，而這裡指的重複，不僅是與自身過往模式的重複，更有與重要他人的生命模式的重複。無論是女兒跟母親的命運相仿，或是兒子跟父親如出一轍，這早就廣為人知，可能是通俗的「命運的必然」，或是學術「代際創傷」等類似的稱呼，用以指涉類似的情況。無論如何，「驅力」似乎仍是略顯單薄的解釋。

　　一個臨床片段。有位同時看多個治療師的個案跟我說，「跟你講話沒有被接住的感覺，跟另個治療師才有，來你這邊我都不確定我能不能被聽懂，只會覺得很累。」我問那是什麼意思。個案說，「跟另個治療師談完可以比較有反思，比較有刺激的感覺」。我請個案舉例。個案說，「我跟女友相處完之後會解離，另個治療師會跟我說『你這麼努力保護她啊』，我就覺得有被接住。」這讓我想起，是否在治療室

外的人生太「刺激」了，反而「不夠刺激」的治療室，才是一種受不了的刺激？同時，當時的我，也承受了很受刺激的感覺。

那麼，要如何像溫尼考特說的，以可承受的劑量一點一滴把世界介紹給孩子？（註一）而且緊接在這個問題後面的是，我們怎麼知道孩子要的是什麼？會不會有可能，那個承受不了的劑量，就這麼代代相傳下去？治療師要如何能與帶著曾歷經承受不了的劑量的過往的個案工作，甚至治療師自身可能也曾歷經這樣的過往，雙方皆在治療過程中被誘發出強烈的感受。我們要如何才能存活下來，而不落入命運的必然、過往的重複？

因著前面的線索，為了尋找有關「驅力」問題的答案，我試著用drive當關鍵字，搜尋比昂的《The Tavistock Seminars》。很巧地發現，整本書中就只出現一次，在Seminar Four。比昂是這樣談的：

「當歷史的一點點內容進入你的治療室，試圖將你或其他人或分析師理想化時，其中重要的事情是通往理想化的力量或驅力。以理想化的型式呈現的事實，可能是一個特徵，但真正重要的是『它』──『現實』。這種經驗的這一部分

有一些可以稱之爲『眞實』的東西——它產生了一種不同於『虛幻』的感覺。」（廖偉翔譯）（註二）

　　我認爲，比昂在說的似乎是，過往（歷史）會出現在個案與治療師的關係中（即移情），而在這經驗裡有些「眞實的東西」在那邊，不同於「虛幻」的感覺。意思是移情不只是重複過往而已，而其中眞實的東西，正是治療工作可施力之處。

　　在《克拉普的最後錄音帶》的劇本中，最後一行寫道：

　　「克拉普一動也不動地凝視著面前。錄音帶在一片靜默中繼續運轉。」（廖偉翔譯）（註三）

　　這讓人有強烈的無可奈何的感嘆。不知道回望過往的克拉普，是爲了追求眞實的感覺嗎？而回憶的過程，帶來眞實感的到底又是什麼？可是，在回憶中的眞實感，既不能說是虛幻的，但也絕非眞實的。邱錦榮教授介紹此劇時說，克拉普「在場又不在場」，在我看來，恰好連結了王盈彬醫師對「知道」和「不知道」的探討。「在場又不在場」給人的感受，幾乎等同於「知道又不知道」。我好奇的是，那個「部

分知道」又「部分不知道」的同時上演，帶來一片靜默的「卡住」的感覺，會不會就是克拉普的處境？而在前述臨床片段中，這會不會也就是個案跟我工作的處境，是某種治療的僵局？

而有趣的是，《心經》似乎也接續著回應了這個無奈、無力的感覺。其中的境界，「是諸法空相，不生不滅，不垢不淨，不增不減，是故空中無色，無受想行識」，似乎就是一種看破諸多妄念的過程。若能夠看破，便得以自在於「不知道」到「知道」的來來回回。而放掉妄念，不正是比昂所說的「無憶無欲」？從「不知道」到「知道」的來回，不也正是「從O到K」的過程？

最後，面對治療的僵局、生命的無可奈何，我想回到貝克特的作品。貝克特的《無可命名者》（The Unnamable），是如此結尾的：「你一定要走下去。我走不下去了，但我會走下去」（You must go on. I can't go on. I' ll go on.）（註四）這是貝克特的故事。而為了尋找各自的故事，我們還得繼續走下去。

參考文獻：

註一：Abram, J. (2007). "The good-enough mother." The language of Winnicott: A dictionary of Winnicott's use of words. Routledge.

註二：Bion, W. R. (2018). The Tavistock Seminars. Routledge.

註三：Beckett, S. (2006). "Krapp's Last Tape." Collected Shorter Plays. Faber & Faber.

註四：Beckett, S. (2012). The unnamable. Faber & Faber.

廖偉翔

臺大醫院精神醫學部研修醫師
臺灣精神分析學會會員

 不生不滅：破碎的孤獨，比昂（Bion）苦苦尋找著心經的心聲？

《不是我》：非我，唯我而已

邱錦榮

　　《不是我》（*Not I; Pas Moi*）是貝克特創作後期的獨幕短劇，1972年於紐約林肯中心（Lincoln Center）首演，隔年於倫敦的皇家宮廷劇院（Royal Court Theatre）搬演。本劇從頭到尾是單人的獨白（monologue），沒有任何對話，劇作家本人估算演出時間18分鐘，但實際演出時間則更短。這齣短劇也是貝克特極簡風（minimalism）達到極致的作品，挑戰以極少極簡的佈局，博取最大的戲劇效果。舞台漆黑一片，僅有一束光，幾乎是空舞台（empty stage）。人物僅剩一人，甚至不是一個完整的人，只剩一張嘴。戲劇常見的雙人或多人的對話簡化到單人的獨白，而獨白經常是簡單且斷裂的字或詞，不成完整的語句。

一、舞台：接近空舞台

　　貝克特多次強調燈光、服裝、舞台和台詞一樣重要，《不是我》足以證明劇作家在非文本的技術層面有獨特眼光——看似極端精簡的舞台設計卻是精準的場面安排。觀

衆看見的舞台不僅暗黑，幾乎也是空舞台。首先從演員的位置說起，一般排練時導演需要同時規劃演員的走位（blocking），但這齣短劇卻讓演員定位、凝結在同一個區塊，所有的動作僅僅在嘴唇的張合，表演範圍限縮到不可思議的極致。本劇詭異的舞台呈現獨樹一幟，表演風格令人震撼，為現代主義劇場投擲一塊巨石，引起很大的波濤，漣漪深遠綿長。

中國書法的初學者皆從九宮格開始，模仿名家運筆的佈局，西方現代劇場的走位可以用九宮格示意，確立演員行走、坐臥的位置。標準的舞台指示（stage direction; SD）從演員角度定位，分別為上、中、下、左、右，但貝克特的這個劇本則標示由觀眾角度定位。

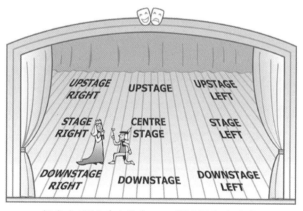

舞台九宮格（走位）──從演員角度定位

不生不滅：破碎的孤獨，比昂（Bion）苦苦尋找著心經的心聲？

二、人物：零個？

貝克特戲劇中的人物一貫甚少，《等待果陀》（*Waiting for Godot*）5人；《終局（*Endgame*）4人；《戲》（*Play*）3人；《快樂時光》（*Happy Days*）2人；《克拉普最後的錄音帶》（*Krapp's Last Tape*）則是一人獨腳戲。在《不是我》之前，從來沒有一個舞台作品僅僅環繞一個人稱代名詞「她」進行，劇本人物本有兩人，但後來的製作只有一人，更確切地說，一個人消失到只剩下一張嘴。

1.嘴巴（Mouth）

劇場唯一的一束聚光燈打在懸浮在漆黑空間的一個嘴巴——動態開合的嘴唇、牙齒、舌頭，像是從臉孔支解分離出來的器官，臉的其它部位及軀體都被黑幕遮蓋，觀眾無法看到。觀眾很快意識到這是一個女性角色，她站在離地八英尺（240公分）的臺子上，以極快、單調的速度獨白，語句難以聽清。

比莉‧懷特勞（Billie Whitelaw, 1932-2014）是貝克特最鍾意的單人劇女演員，《不是我》本是為她量身定做，但1972年在美國的首演卻因緣巧合給了舞台劇名演員潔西‧

譚蒂（Jessica Tandy）擔綱。懷特則於1973年倫敦的皇家宮廷劇院主演，作家親自指點，曾批評說：「太過著墨，太過著墨（too much color, too much color）」，懷特勞意會爲「不要用力演（Do not act）」。所謂「僅可意會，不可言傳」，作家與演員之間心領神會的默契，這則軼事可算一段佳話。這個版本聚焦於嘴巴引起相當多的議論：開麥拉固定對準嘴巴，其他全部經由化妝、道具隱沒在黑暗中，也沒有聆聽者的角色。論者認爲焦點從口說的語言意象轉移到視覺印象——懷特勞的嘴占據整個螢幕，令人連結到女性的陰道；唇部的開合似乎分娩，企欲把自我生出來（give birth to the self）。貝克特在重看電視版時，自己提到這個觀點，但並無推翻之意。

　　1977年BBC2推出三部貝克特戲劇的電視版，其中《不是我》（1975）仍由懷特勞擔綱，1990年BBC單獨播出該劇，增加懷特勞的導論和後語，這個電視版目前流通於Youtube 平台，時間總計15：14，雖然中介媒體改變，似乎離開貝克特爲舞台而寫的初衷，但儼然成爲《不是我》公認的經典版本。電視版女主角的現身說法尤其可貴，懷特勞回憶隻身站在漆黑舞台，全程定位於八英尺高臺，不能移動，所有她習慣的表演程式都被破碎，身體受到禁錮，

終身難忘的恐慌感受。懷特勞被譽爲貝克特戲劇的保管人（keeper），1989年貝氏謝世後，她不再演出貝氏戲劇，頗有悼念知音伯樂的況味。

2.聆聽者（Auditor）

這個角色性別不明，首演時由一名男性演員擔綱，全身穿灰黑色的北非式長袍（djellaba），站在離地四英尺地台子上。在嘴巴獨白暫停的短促空間，他似乎聆聽觀眾所聽不到的內心聲音，偶而舉起雙臂回應，似乎想打斷獨白，劇本描述爲「一個無助的憐憫手勢」（a gesture of helpless compassion），如此一共有四次，但這個靜默而迷樣的人物舉臂的動作一次比一次無力，第三次之後的動作幾乎細微到難以辨識。1978年巴黎的演出照劇本進行，此後的製作大多刪除這個角色，作家似乎聽憑導演選擇，放棄了這個角色。貝克特對於這個角色的調度始終無法滿意，最終歸咎於可能是自己創造想像的謬誤（an error of the creative imagination）。1986年他寫信給兩位美國導演說，「此角在舞台上難以呈現（位置及燈光），或許有害無益，就我而言，劇本需要他，但沒他也無妨。我從未見此角在演出上發揮功能」。然而他堅持在劇本發行版的「舞台指示」保留聆

聽者這個角色。既然這角色在舞台上不易呈現，爲什麼必須在白紙黑字上占據一席存在？聽者，另有一意是「稽核、稽查」（a person who audits accounts）。女性的嘴絮絮叨叨地訴說一生的故事，急切斷續的碎語說給誰聽？滔滔不絕的心事碎片投擲向一片漆黑的空無（void）。又或許，冥冥之中有一個超自然三位一體眞神的荒謬版──全知全能全在的載體，在末後的日子稽查凡人一生一世的帳簿。而她，如此這般過了一生，暗中有一個不知名的人在聆聽，甚且還帶著一點同情，聊勝於無。如此一個沒有半句台詞、難以定位的角色，他的存在無理，但有情。這樣似有還無的存在，我們在《等待果陀》中已經遇見。

根據貝克特親自授權的傳記作家好友詹姆士・諾森（James Knowlson, 1933-）猜測，聆聽者的意象得自於貝克特兩個記憶的合併：一、1972年作家旅居北非摩洛哥，於突尼西亞的一間咖啡館邂逅一位穿著長袍「專注的聽者」（intense listener）。二、卡洛法其歐作品「施洗者約翰被斬頭」，令其印相深刻。畫中站立於莎樂美左側的老婦人，目睹斬頭驚恐不已，她以雙手蒙住耳朵（而不是蒙眼）。貝克特曾於1978巴黎的製作把這一手勢增加到聆聽者的演出中。深得作家信任的導演史蒂芬・司奈德（Stephen

不生不滅：破碎的孤獨，比昂（Bion）苦苦尋找著心經的心聲？

Schneider）曾經詢問聆聽者是死神抑或守護天使，貝克特聳肩、舉起雙臂又自然垂下（好像模仿聆聽者的唯一動作），這無言的回應使得聆聽者之謎終究不得其解。

施洗者約翰被斬頭
The Behading of St. John the Baptist (c. 1608), by Michelangelo Merisi da Caravaggio (1571-1610)

莎樂美與施洗者約翰的頭
Salome with the head of John the Baptist（c. 1607/1610）, by Michelangelo Merisi da Caravaggio

三、她這樣過了一生

　　嘴巴以犀利的語調切切自語，模糊地浮現婦人的一生：她年約七十，出生時是個早產兒，被父母拋棄，一生無愛、機械般的存在，似乎曾有一段不明原由的創傷經驗。說話者的敘述因為以第三人稱呈現，形成介於主體與客體之間的中介意識（intermediated consciousness）。敘述中浮現四件比較清晰的事情：

1. 臉朝下趴臥在草地上
2. 站在超市裡
3. 坐在賽馬場附近的一個土堆上（mound in Croker's Acre；愛爾蘭靠近Leopardstown 的確有這個賽馬場）
4. 曾經出庭（that time at court）

　　貝克特說：這是我在愛爾蘭認識的乾癟老嫗，她並非一個特定的人，而是在巷弄、溝渠、樹籬間常見的佝僂老婦。換言之，她代表作家本鄉本土一類特定族群、性別、年齡的人群，或許也是承載歲月的苦難和滄桑的集合體。嘴巴的獨白複雜且不連貫，她像是描述另一個人的故事，第三人稱的「她」的生活、記憶、焦慮、矛盾、絕望以及對於存在的困惑。嘴巴一再否認所有事件與她個人的關連，這就是劇名

  不生不滅：破碎的孤獨，比昂（Bion）苦苦尋找著心經的心聲？

（*Not I; Pas Moi*）的來源，但她／我的界線模糊，最終說話者放棄第三人稱，我融入了她。劇本充滿了重複和難以理解的斷裂短語，這是貝克特筆下經典作品的典型特徵之一。

四、四月天的早晨：開始說話的頓悟

或許是天生缺陷，她自幼就是啞女，只有偶爾發出尖叫聲，演出中也幾度尖叫似乎模擬沒有語言功能的無助感。失語、無語也可能因爲自幼被拋棄，沒有父母的關愛；一般父母對尙無言語的嬰兒絮絮叨叨的愛語，是嬰兒模擬的對象和建立語庫的基礎。獨白中她捕捉自己第一次的、遲來的語言，她的敍述中反覆出現幾個意象：一道閃光、腦袋裡嗡嗡聲音和嘶吼的聲音、一張動態的嘴、四月的原野。所有意象都指向重生——頓悟，她從啞閉中開竅，向這世界傾倒滔滔不絕的語言江河。這場頓悟甦醒以第三人稱的方式呈現、用不同角度描繪，指向嶄新的開始。這中間最關鍵的某個四月天的早晨，她在田野間漫無目標地遊蕩，想找尋野櫻草（cowslips）做一個花球，突然間她崩潰，甚至可能經歷死亡；本來光亮的天空，轉爲烏黑（是日蝕或月蝕，烏雲蔽日的自然現象，抑或她中風驟發，痙攣）。第三度的回憶中，

她更具體表述抓住黑暗混沌中浮現語言、話語的頓悟經驗，她一直認爲不能說話是來自上帝的懲罰，因而背負宗教的罪惡感，但四月天的經驗，話語從口中出的一刻，她的狂喜參雜震驚（ecstasy in fear）。雖然她回憶這一刻的語言釋放始終帶著不確定、難以置信的情緒，但話語的竅門已然開啟，這齣戲結束在相對積極正面的信息。

結語

貝克特筆下的愛爾蘭都柏林人，個個都能言善道，他們喜歡「說」故事不下於對故事本身的興趣。據說嘴巴的角色得自作家對一名精神異常婦女的觀察，果真如此，劇作家本人就扮演聆聽者的角色，所以舞台上難以具體呈現，但心裡與情感上，聆聽者必須存在。

不生不滅：破碎的孤獨，比昂（Bion）苦苦尋找著心經的心聲？

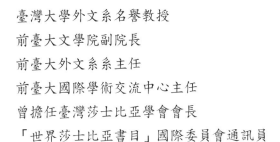

邱錦榮

臺灣大學外文系名譽教授

前臺大文學院副院長

前臺大外文系系主任

前臺大國際學術交流中心主任

曾擔任臺灣莎士比亞學會會長

「世界莎士比亞書目」國際委員會通訊員

無眼耳鼻舌身意：不是我，嘴巴屬於老早就擦擦屁股走人的父親

黃守宏

劇作介紹：（出處：香港藝評）

貝克特三部曲由三個與女人有關的短劇組成，它們分別是《不是我》（Not I）、《落腳聲》（Footfalls）及《搖籃曲》。

此劇的靈感是來自一個生活片段及一幅油畫。貝克特在摩洛哥看見一個阿拉伯女人，她焦慮的身體動作令他聯想起意大利畫家卡拉瓦喬（Michelangelo Caravaggio）的《被斬首的聖施洗者約翰》（The Beheading of Saint John the Baptist）。原本的舞台形象是一個離地八呎的嘴巴加上一個幾乎不動的，叫做「聆聽者」的角色，後來他將這角色刪去，留下嘴巴一個。這張女人的嘴巴在漆黑的半空中不停說話，從碎片般的台詞中，我們大致可梳理出，這是關於一個女人的悲劇故事。貝克特要透過她，呈現出受盡抑壓之苦的愛爾蘭婦女。

斷斷續續的語言，是壓抑了幾十年後的爆發……貝克特了解這樣的婦人，幾乎在愛爾蘭的任何地方都可以很容易找到這種婦人的原型。這個曾被強暴的女人是否就是「敘述者」本人？當我們漸覺她是同一個人時，她卻多番強調不是她！貝克特最愛用「似是而非」的手法，模糊角色的存在身分，讓觀眾一邊處身於抽離的觀賞狀態，一邊強烈地被她的「喋喋不休」所轟炸！

　　貝克特的御用女演員比莉・懷特勞（Billie Whitelaw），在回憶起1973年排練此劇時貝克特的指導時說，貝克特要她以一種單調的、平板的聲調朗誦臺詞。她的臺詞若是過分有起伏，或是帶上感情，貝克特就會搖著頭抱怨，「太多顏色了！」懷特勞本人不是愛爾蘭人，也沒有愛爾蘭老婦人的口音。而貝克特對這齣戲的戲劇指導核心之一便是「不要去演」，因此，他不希望懷特勞模仿愛爾蘭口音。

　　在看了Youtube上的影片後，首先是視覺的衝擊、再者是聲音的使人煩躁，讓我想到恐怖電影的一個流派叫「肉體恐怖」，有意地展現出人體的怪異或在心理上令人不安，相信大家在看這齣劇是應該都有類似不愉悅的感受，可以清楚地感知貝克特想在觀眾心理造成一個什麼樣的效應，在影片

中演員懷特勞有說當燈光一暗，只剩舞台上的燈，或者說只剩那張嘴，觀眾無法逃離只能看、只能聆聽，就像是一個人沉痛的過往，在某個時間點，逼迫著主體聆聽一般，像是無法逃離的地獄一樣。

不是我

「What?..Who..no!..She!..」當意識到自己口中的「她」就是「我」，但又迅速地恢復到第三人稱表述，這樣子的否認我們可以很多層次的想像，首先是意識上的否認，這個在尋常生活很常看到，許多人在談論自己的事都會以「我朋友」如何如何作為開頭，這是一種意識上的否認，主體清楚地知道所有性，也理解自己有意圖地拒絕承認，這個日常生活的熟悉場景，讓我們不禁地想要去更深入地思考一下到底我是什麼，什麼是我，什麼都不是我，我們的心理是怎麼去區分我和非我的界線。

克萊恩的理論中，人出生時即有一個不成熟的自我，且會啟動原始的防衛機轉，意味著一開始就有所謂的人我之分，只是界線不穩定，而投射性認同這個克萊恩最家喻戶曉的防衛機制已然預設了我和非我的區隔在裡面了，這個機轉

不生不滅：破碎的孤獨，比昂（Bion）苦苦尋找著心經的心聲？

的使用可以更增加自我和外在的界線，但弔詭的是如果投射性認同過度使用，反而會使內在外在世界不分、人我不分，像是嚴重的精神病狀態一樣；而溫尼考特呢？

作為克萊恩的學生，雖然對佛洛伊德及克萊恩的理論有所批判，但承繼著許多的理論的基礎，在溫尼考特的理論中，剛出生的嬰兒處於一個全能自戀的狀態，現實的需求跟挫折都由媽媽這個角色來協助承擔，使得嬰兒可以一直維持全能自戀，直至嬰兒漸漸成長至可以放棄這全能自戀，這是個緩慢且漸進的過程。

在一個嬰兒透過媽媽的幫忙下，很像孵化過程的存有（being），漸出現我的概念，這對溫尼考特而言是一個人生偉大的里程碑，過程一旦發現了客體的存在，會經過摧毀客體後，才得以得到使用客體的能力，而那些無法消化的挫折，在他的理論中，會一直處在全能控制的領域之外，無法理解，但這個經驗仍一直存在著，等待著被主體的理解，進入全能控制領域之中，變成我的一部分，回到這個劇本中，主角喋喋不休的訴說，揭露了以前的經驗，雖然碎成了雜亂無章的囈語般，但是是接近於主體理解的邊界，簡而言之，這個劇本就是一個過去的無力消化的創傷經驗，在走入全能控制領域的範圍，如果我們用溫尼考特的脈絡思考的話。

在Bion於Tavistock的演講的第五講中有聽眾問到「我」和「非我」的經驗？Bion的回答是：我不知道，而且我對試圖談論靈魂、個性、超靈魂、本我、自我、超我等等並不滿意。這些術語對我來說幾乎毫無意義，而且在我的分析經驗中，我找不到與之相符的東西。在基督教會裡，有一個「arbitrium」的概念，康德奇怪的定義：自由意志是自願服從道德規律。而自然科學則只可以觀察到一些機械性、可以重複、可以預測的原因，但這些原因本質上就是自由意志的敵人。

哲學有一個大論述證明有某種操控存在，使得自由意志變成假象；這裡容我先離開主題，走進岔路一下，這裡提到的「arbitrium」，我們就稱為自由意志好了，在基督教的世界觀中，上帝依著自己的樣子造人，給了人自由意志選擇是否親近主，馬丁路德的解釋為：意志的自由抉擇並不存在，人只有作惡的可能，因此信仰主成為人類唯一的道路，這個想法很矛盾，不過人到底有沒有自由意志，我們到底是不是自己的主人，這是一個哲學上的難解習題，精神分析最初的理論就在企圖回答這個問題，提出了多重決定論，對於人心智的理解打開了一條新的路，人類不如自己所想的那麼完全理解自己，擁有完全的決定權。

不生不滅：破碎的孤獨，比昂（Bion）苦苦尋找著心經的心聲？

就Bion的論點來看，當我們理解接觸屏障時，不僅是區分「這是我」與「那不是我」，即在自我周圍創建一個界限，還在自我內部創建了有意識和無意識的領域是有道理的。在描述接觸障礙的工作方式時，Bion寫道：「有意識和無意識這兩者不斷地一起產生，它們的功能就好像它們是雙眼並且能夠自我關照。」（1962）β元素指示了由接觸屏障／α功能的功能所創建的有意識和無意識自我的內部之外或「之前」剩下的部分。β元素並不被感知為自我的一部分。

在某種程度上，這與佛洛伊德的本我相似，即從內部產生的無法知曉的衝動，但在Bion的理論中，這些「未被表徵」的衝動與來源於外部的「未加工」刺激是無法區分的；換言之，在我們因著六個識根（眼耳鼻舌身意）而接受的所有外來的刺激，都會有意識及無意識二者的反應發生，我們用此來理解一個創傷經驗似乎更加清楚，無論是來自外在的刺激或是內在衝動，無法表徵的就會變成β元素的存在。

這裡我認為β元素有必要解釋一下，在Bion的理論架構下，β元素是一個限制概念，描述了心靈和身體之間的邊界區域，Bion使用了Freud的短語，甚至使用了《科學心理學計畫》中的定量語言來描述β元素：「刺激的堆積物」（1962）。它們「尋求」排泄或放電，一個創傷經驗後滿滿

的刺激堆積而成β元表，或者我們可以把這個劇，當成一個β元素的排泄來看待，好像更能貼近那種看不到、摸不著的感受。

貝克特認為藝術所選擇的方向不是擴張而是收縮。藝術視孤獨為神聖，這裡不存在交流，因為不存在交流的載體。即使在某些罕見的場合，詞語和姿勢恰巧有效地表達了人的個性，而這些表達在穿過位於詞語和姿勢之前的個性的屏障中已喪失了它們的意義，如果貝克特是對的，藝術的本身彷若就是物自身的概念，是我們無法靠近的，那我們是如何在藝術作品中聆聽，甚至找到自己呢？

相信每個人在藝術作品裡感受到的都不同；這裡我有一個大膽的假設，接上段所述，這不就像是個β元素一樣嗎？雖然β元素未被表徵，並且超越語言所能理解的範圍，然而它是可以被以某種型式感知的，但那個是什麼呢？我覺得是共振，即使隔著距離，沒有介質，都可以以共振的型式傳遞，在客體身上或許可以找到表徵的方式，而可以向理性多靠近一步，當然，這是染著客體的色彩的，雖說是理性靠近一步，但無人知曉相對於藝術或是作者想傳達之意是接近或是遠離了。

有人認為克萊恩的理論，把女性帶入精神分析，之後，

母親的角色被推向一個顛峰的位子上，父親的角色呢？在客體關係理論中，Mahler提出父親的角色和一個嬰兒在分離個體化（Separation-Individualization）階段中扮演重要角色，讓嬰孩可以脫離和母親的共生狀態，而Joyce McDugall也表達父親在讓嬰兒從和母親的依附狀態獨立出來的重要性；雖然溫尼考特的理論中，認為母親是嬰兒發展的一切，不過他理論中的母親背後是有很多支持的因素存在，其中最重要的就是爸爸，當然還有這個媽媽其他的支持，因此，我們不能單純地把理論中的媽媽視為媽媽而已，而是一個集合體的概念，雙親都在其中，

除了用英文寫作，貝克特大部分的作品都用法文書寫，這是因為他要擺脫用母語時過分雕琢詞藻的弊病，而改用法文就更能簡單直接地傳達訊息，文字作為表徵的符號，承載了意念在其上，從小我們被教育要在寫作及修辭上下功夫，有時會忘了文字語言的目標而迷失在文字的美麗上，然而語言本身並非精準且眾生相同的，語言為意符，在投射性認同的理論下，它是會有模糊的空間在裡面，這個模糊空間很重要，讓說者和聽者可以在其中遊戲，同時也是個緩衝地帶，就像是溫尼考特的過渡空間一樣。

參考資料：

1. 「自由意志」：一個麻煩的概念｜香港01
   https://www.hk01.com/article/78046?utm_source=01articlecopy&utm_medium=referral
2. 香港藝評。
   Sebastian Kohon(2014), Making Contact with the Primitive Mind: The Contact-Barrier, Beta-Elements and the Drives, .International Journal of sychoanalysis ,95(2):245-270.
3. Rudi Vermote, Reading Bion, 2019, Routledge.

黃守宏

臺北市立聯合醫院松德院區精神科主治醫師

前臺北醫學大學附設醫院精神科暨睡眠中心主治醫師

前臺北醫學大學學生事務處學生輔導中心主任

臺北醫學大學醫學系專任講師

臺灣分析治療學會決策創意團隊（Executive Committee）成員

臺灣分析治療學會發起創會會員

臺灣心理治療個案管理學會理事

臺灣精神分析學會會員

臺灣精神分析學會台北春秋季班講師

松德院區《思想起心理治療中心》心理治療督導

美國匹茲堡大學精神研究中心訪問學者

與談人：李玉婷

從貝克特《不是我》劇本，到Bion在英國Tavistock的研討會紀錄文稿，再到佛教經典「心經」，多元文本的交織，引動對「我」與「非我」的專注思考。

破碎的串連朝向完整「我」的盼望

《不是我》劇本的舞台設置為「嘴巴獨白」，主角的人身徹底地沒入黑暗之中，從視覺上給人一種晦澀的孤獨感；緊接著，當主角的聲音被聽見，那是急促的語速、斷裂的語詞與不連貫的敘說內容，在嘴巴快速張闔的過程，傳遞出一種混亂滯悶的難受。這種抽象和非線性的語言呈現，有些像是歇斯底里或是思覺失調患者的狀態，這不禁讓人聯想到曾受過創傷的個案，要能夠精準地用語言傳達內在的感受，確實不是一件容易的事情。「破碎的心智」要如何與外界取得連結？從作為治療師的立場，又該如何接近此類個案？

對照Bion在Tavistock Seminar 5的摘錄，文本一開頭的描述便是「Only a limited part of this seminar was recorded.」（本研討會僅錄製一部分的錄音），這與《不

是我》劇本裡主角的斷裂台詞，竟是如此相似。如果只是片斷、破碎的呈現，能夠被看見的是什麼呢？再次聯想到治療室裡的個案，當個案說著一些不連貫的回憶片段，治療師的工作就是試圖在那些破碎的片段裡，貼近其內在的真實感受，盡可能地幫助個案的自我從「破碎」回到「完整」的狀態。

如此想來，在治療室裡，多數的時候真的只有一張嘴在說話，而治療師總是努力試著在那單口敘說的語言裡，發現個案這個人，「只有嘴巴獨白」的設置無比貼近真實，而破碎的語言能夠一直說著，是因為敘說者還懷抱著渴望完整的期盼。

聆聽的在場讓「我」得以被思考

「只有嘴巴獨白」的設置，同時也帶給人極致詭譎的感受，若與恐怖電影的「肉體恐怖」流派作連結，在與世界相似的真實之外，竟也存在著超現實的感覺，此感受源自於「被強迫聆聽」的狀態，於說的人，也於聽的人，「強迫」成為一種痛苦，那是一種無法離開、只能承受的恐怖處境。

劇本中，另一個角色便是Auditor，此角色從頭到尾都

  不生不滅：破碎的孤獨，比昂（Bion）苦苦尋找著心經的心聲？

沒有台詞，他就站在那裡聽著一切，治療師在治療室裡也像是這樣的角色，傾聽與觀察著個案訴說著所經歷的痛苦，在聆聽的現場，在個案跟治療師都還無法移動的時刻，確實是一種身處地獄的感覺。舞台上的戲可以結束，但人生的苦卻無法結束，思及此「不是我」劇本所帶來的悲傷感覺，更甚以往強烈。

貝克特針對Auditor這個角色的存有是掙扎的，在與不在都有其特色。這個角色確實不同於觀眾，他是一個身在主角敍說現場的人，就像治療師隨著個案的話語，聆聽他在說些什麼，治療師不在個案當年事發的現場，但確實是身在其回憶的現場，且透過聆聽增加了一段與個案一同回到回憶裡的記憶，那一刻治療師的「在場」，提供了思考的可能性。

跟著劇本裡主角獨白的話語，聆聽著一個又一個的話題，感受到主角內心世界的混亂，破碎的回憶築起一道高牆，阻隔了自己與他人，也阻隔了自身內在與外在的感覺，珍貴的是，主角沒有放棄接觸自我內在的可能，在她忽大忽小的音量變化中，可以感受到主角渴望被理解的吶喊，以及其長期以來被忽略的悲傷。

這樣的形態也類似於治療室裡的個案狀態，多數個案談論生活事件時，總是較能侃侃而談，但要進入內在情感的探

索，卻往往不是件易事，治療師要能同時聽見想說與困難說的狀態，在時間裡堆疊信任，溫和地促成分享，才能讓情緒有了寄託之所，個案也才有機會對「我」進行思考。

區分之所以發生，在於「我」與「非我」共存

劇本裡的急促敘說，是主角生命裡少有的暢談時刻，幾次出現「She」和「I」的切換段落，黃醫師將此切換理解為「有意識的否認」，指出主角為自己創造出一種心理距離，可以去區分我和非我的存在。若創造心理距離是思考的重要條件，Auditor角色便顯得格外重要，此角色沒有台詞，但作者給了他四次動作的指令，這四次動作都是在主角思考究竟是「I」，還是「She」時出現，短暫停頓之後，主角就會接續講下去。在寓意上，像是現場有個人在聽著敘說，動作為敘說者創造了心理空間，「我」與「非我」的故事，可以繼續下去。

關於「我」與「非我」的區分討論，Bion於Tavistock Seminar 5的文稿裡有直接的記載，當Bion被直接問到：「要如何去區分我與非我呢？」他果斷地回覆「不知道」，並從「arbitrium」這個字開始進行討論。在黃醫師的文章

不生不滅：破碎的孤獨，比昂（Bion）苦苦尋找著心經的心聲？

裡，將「arbitrium」理解爲「自由意志」，並帶入精神分析多重決定的觀點思考，順應著這樣的想法，衍生出對「我」跟「非我」如何與「決定」發生關聯的好奇。

「arbitrium」原意爲仲裁的意思，從文稿裡的脈絡，梳理出Bion描述的是一種人的內在狀態，當我們用很武斷的方式去做決定，當下那個做決定的「我」是一心只想到自己，很像是「我想要什麼就要」的獨裁狀態，在那樣的時刻的「我」是無法顧慮到有個「非我」存在，那發展的方向終究會是「我」把「非我」吞噬。這種獨裁的心智狀態，讓我聯想到在劇本裡的「非我」是以「Not I」的主詞形式呈現，而非一般語法的「Not me」，呈現出主角這個人的強烈存在感，而令人悲傷的是，正是因爲這個主角在她的生命裡是那麼地沒有存在感，才需要這樣特意的去強調。

接著，Bion以癌症爲例，描述癌細胞存在於身體，便會將身體的其他組織全部吞噬，而有一種名爲心理上的癌症，就像是一個人的獨裁意志，這樣的意志會將團體中與他不同的意志全部都吞噬，意即如果個體只在意「我」的時候，「非我」就會被吞噬，最後就沒有「我」跟「非我」的區別，這整個團體的生命也就告終。

是以，當Bion以「不知道」作爲回答，應該是認爲重

點不是在區分「我」跟「非我」的差異，而是如果「我」跟「非我」是可以區分的，那他們就是共存的。此想法的緣由來自Bion橋與橋台的概念，當嘴巴跟乳房作為橋台的各一方，對嬰兒來說，感知到乳房的那一刹那，如果嘴巴與乳房是可以共存的，彼此不會競爭，那就會有「我」跟「非我」同時存在，區分不是刻意要去做的事，而是在發現且可以共存的那一刻就存在了。

一個人在成長過程，要如何在發現我的那一刹那，不會把非我吞噬？Winnicott最著名的「夠好的媽媽」理論，可以為這個問題帶來解答的可能，夠好的媽媽用孩子可以接受的方式與份量，一點一滴地將世界慢慢介紹給他。如此想來，發現「我」存在最重要的關鍵，確實指向「我」跟「非我」的共存狀態。

關照共存之思，平靜才有可能

佛教經典《心經》也提供了關於「非我」思考的另一個角度，《心經》強調無我的「空性」，指出世間萬物都是虛無的，經文裡不斷地從各個角度強調眼前的現象均是虛假存在，需要透過修行去放下自身的各種慾望束縛，「是故，空

　不生不滅：破碎的孤獨，比昂（Bion）苦苦尋找著心經的心聲？

中無色，無受、想、行、識；無眼、耳、鼻、舌、身、意，無色、聲、香、味、觸、法……」，闡述著人如果能超脫六根所帶來的慾望，內在便能獲得平靜，從被影響、被控制，重新回到一種能夠自我掌控的安定感受，而能夠超脫的方式──「觀照」是非常重要的起始點，好好地去觀看自己的每一個思緒，看清楚那些自己喜歡就會想要得到，不喜歡就會想要去除的念頭，透過關照的方式，試著保持清明，讓自己的意識不起作用，看就是看，聞就是聞，不會有意識去起分別，沒有分別，就不會再有罣礙，這是心經所提的方法。

綜合前述，Bion提到的「我」與「非我」的共存，到心經提到的不受「非我」影響，好像都在訴說著人只有與這個世界的他者和平共處，才有為自己帶來內在平靜的可能。

原以為的不在場，原來是一直都在

最後，回歸最初的思考，本場次對談的命名為：「無眼耳鼻舌身意：不是我，嘴巴屬於老早就擦擦屁股走人的父親」。本文隨心所至的省思與對話，卻完全沒有「父親」的意象出現，父親角色在脈絡裡完全缺席，在最終的一刻以「不在場」的方式「在場」。他，確實老早擦擦屁股走人，

她，留在這裡訴說著一切。原來，我們一直都在。

李玉婷

安境心理諮商所 所長
臺灣精神分析學會推薦治療師
中央大學／臺北商業大學兼任心理師
桃園市諮商心理師公會理事

不生不滅：破碎的孤獨，比昂（Bion）苦苦尋找著心經的心聲？

無苦集滅道：不是我，嘴巴屬於嬰孩時唯一的那次哭泣

劉玉文

　　舞臺上有兩個人，一個女人在右側舞臺上方約8英尺處，另一個高大的人物站在左側舞臺上方4英尺處。幾乎整個舞臺都在黑暗中，除了一個女人的嘴。嘴巴被聚光燈照亮，她以令人窒息的速度說出斷斷續續、驚慌失措的獨白。在1973年1月16日倫敦皇家宮廷劇院，演出者比莉·懷特洛把自己綁在一張椅子上。她的臉上覆蓋著黑色紗布，眼睛貼著黑色透明眼罩，頭被夾在兩塊海綿橡膠之間，這樣她的嘴就固定在聚光燈下。

　　另外也固定好一根桿子，讓她可以抓住它，調節她的緊張感。由於她無法使用視覺輔助工具，所以她得牢記文本。懷特洛描述了扮演《不是我》（Not I）「嘴巴」的痛苦經歷，她經歷了和他人完全隔絕，和陷入驚恐的狀態。有一段時間，她完全迷失了方向，從嘴巴傾訴中聽到了自己「內心的尖叫」，也在演出《不是我》中找到了很多自我。

　　上面是我在網路搜尋貝克特《不是我》時，首先在維基

百科中閱讀到的第一印象。在原劇本中，舞臺右側說話的女人和左側披著斗篷的人之間存在一種動態的張力，在嘴巴強烈拒絕放棄第三人稱的四次停頓中，披著斗篷的人會舉起手臂然後落下，展現一種無助的同情心姿態。隨著每次婦人強烈情緒復發時，手臂動作會減弱，似乎越來越無效，直到第三次時幾乎察覺不到。

這樣的舞臺效果，有著視覺上的震撼，也有著精神病式的荒誕和詭異感覺。嘴巴不是一個「人」，既不是文本中的她，也不是我，只是局部客體。當看著，聽著，卻又覺得嘴巴充滿表情，充滿動作，是個活著的生物，有一個意志在表達。處在這種異世界的怪誕下，看著嘴巴的動作並不舒服，彷彿下一刻，它就變形成一個大怪獸，要吞噬一切。心被揪著。

因為是英文講述，我可以容易的只感受音頻聲調而減少字義的影響，同時深刻體會到聲音就是念頭和情感本身。在無盡瘋狂的胡言亂語，令人喘不過氣的匆忙語調中，是多麼讓人迷失方向，又多麼讓人反感！懷特洛的聲音隨著「SHE」的不斷喊叫而升高！在大喊聲和無法尖叫的片刻，我們可以感受到既向外暴衝又極度壓抑。

聲音帶出了癡迷、無休止的焦慮和重複，也帶出她跟

 不生不滅：破碎的孤獨，比昂（Bion）苦苦尋找著心經的心聲？

不要說話的企圖和指令爭鬥著，然後持續反覆運算。這樣深沉的抑鬱和膽量，也給出一種真正的恐懼和恐怖感。《不是我》這個命名來自於敘說者一再否認她所描述或暗示的事件發生在自己身上。

嘴巴是身體的一部分，在結構上，指唇、齶、面頰和口腔底之間的空間，向上與鼻相通，向後與咽腔、舌頭相連。身體一方面代表直觀的表象，可以將身體當做一個對象來觀看。另一方面，身體又是直接可觸及和掌控的，每一個意志的活動其實直接是身體的活動。

例如，當我非常想要爬上五樓時，必然會伴隨著身體的變化，不論是身體發熱，還是腎上腺激素上升等。周遭環境對於身體的影響也必然會影響到意志，當外界的作用與我的意志違背的時候，就會表現出痛苦。當外界的作用與我的意志相符的時候，我們會表現出喜悅、興奮。

比昂在塔維斯托克研討會（Tavistock Semonars）上，曾經提出一段看法。他問，當被分析者走進房間時，是否有可能看到總體情況，也就是盡可能地擺脫自己的先入之見，以便有機會意識到任何需要觀察的事實？接著他說：「雖然我從根本上關心的是與病人交談，但我也關心他有身體和思想的事實。這種劃分——身體和心靈——以對話的

目的來說很方便，但它是對事實的歪曲，因為他不是「身體和心靈」的分別概念。（參考Tavistock Seminars, 5 July 1978）。

因為我不能為死亡佇足等候

《不是我》傳達出說的是我，但我不承認是我，我只是憑藉另一個人，「非我」而成為我。因此，不論是口中的「她」，或如黑影般共用舞臺的他者，呈現的是當下的聚合，也是持續在進行成為我的歷程。一行禪師提到一切現象皆從因緣生，沒有獨立自我。萬物無法獨自存在，必須相互依存。如果你是一位詩人，你會清楚地看到一朵雲漂浮在這張紙裡。沒有雲，就不可能有雨；沒有雨，樹木無法生長；沒有樹木，我們無法造紙。雲是造紙所必須的。如果雲不在這裡，這張紙就無法在這裡。因此說，雲和紙相即，相互依存。（引用《一行禪師講心經》，P. 34-35）

《心經》的經文，形式如同一篇詩歌，蘊含無上智慧，超越一切言詞可以描繪。比昂認為詞彙具有感官的背景，因此會關閉轉化成為O的歷程。精神分析依賴言語的使用，而詩歌很有潛力來解決這個問題。因為在詩歌中，詞語可

以超越具體的感官情境，成爲一種「成就的語言」。它是一種與心理現實的起源相聯繫的語言，既是行動的替代品（如在知識的轉化中），又是一種行動，是新事物的發生（O中的轉化）。……我們不能指望精神分析師成爲藝術家。如果我們不能依靠詩歌和藝術，我們如何克服這種感官的語言層面呢？比昂強調，不是試圖理解和尋找因果關係、敘事關係及意義，而是藉由關注整個變換過程中不變量的模式來克服感官層面。……採取一種迴避理解的立場，不尋求連貫性，而是試圖接觸思想產生時的未分化區域。（引用Rudi Vermote, Reading Bion，引用Attention And Interpretation (1970)，P.140-141）

　　佛家用五蘊來說明人這個生命體，是由五種集合物構成。這五種元素就像五條河流，也就是色、受、想、行、識之河，不停在流動。「色」是物質的一切現象，具堅、濕、暖、動四種物性。「受、想、行、識」是精神的一種作用。若以人體而言，色蘊屬生理。身體本身的變異性質，例如，血液的流動，心、肺及呼吸的律動，都在維持生存，每一個律動都會導致不可避免的磨擦。

　　身體一直在改變，欲望不斷，餓了想吃，吃了想上廁所，過一陣子又想吃，總是在追求，沒有滿足的終點，需要

透過反覆不斷地輸入和排出來生存。覺受力愈強的人，對這些磨擦帶來的不適、痛苦的認知愈深刻。受想行識四蘊屬心理，是觸境所起的幻妄之心，相當於心理學上所說的感情（受）、觀念（想）、意志活動（行）、認知（識）。感官不斷地把我們推向各個欲求，企圖去尋求快樂，我們也止不住想要製造能取悅我們感官接觸的環境。

蘊是積聚的意思，積聚許多同一性質、系列的事物或心理活動。每一蘊都是整個宇宙顯現。人類由非人類的元素組成，無法獨立存在。人類必須與動物、植物和礦物相卽地存在。如果移除所有非人類的元素，就沒有人類了。（參考《一行禪師講心經》，P124）

小時候聽過一個哭婆的故事。有個老婆婆，下雨天她哭，晴天她也哭。原來她有兩個女兒，大女兒嫁給雨傘店的人家，小女兒嫁給米粉店的老闆。晴天的時候，她總是掛念大女兒的雨傘賣不出去；下雨的時候，她就為小女兒著急著，萬一米粉沒有陽光曬，發黴了怎麼辦啊？所以，晴天時，她為大女兒哭；雨天時，則為小女兒哭。

後來，她遇到一位智者。智者瞭解到她哭的原因後，微笑跟她說：「妳改變不了天氣，卻可以主宰自己的心情。世間事物的好與壞僅在一念之間。以後，如看到出太陽，妳

不生不滅：破碎的孤獨，比昂（Bion）苦苦尋找著心經的心聲？

就為小女兒歡喜，可以曬乾很多米粉；如果下雨，妳就想想大女兒，今天雨傘店的生意一定很好。這樣你就不會再哭了。」老太太一下子想通了：「對啊！」從此，無論天晴還是下雨，她總是笑哈哈的，變成了「笑婆」。

　　比昂提到語言的影響，曾經舉例分手、崩潰、突破、闖入、逃脫等字詞，取決於每個人的選擇。當人們挑選其中一個，他們會抱怨正在「崩潰」或「分手」；當他們開始覺得自己正在「突破」時，所暗示的方向和改變是不同的。由於我們一再地相信這色身和感覺都是我們的，感受是真實不變的，而且還隨之產生更多欲求。所有滿足不了的慾望都帶來痛苦，關於自我的妄見就更多了（參考Bion, Tavistock Seminars, 5 July 1978, P.63）。

一陣暴風雨搗亂了空氣

　　出去……進入這個世界……這個世界……極微小的東西……來得太早了……在上帝中……什麼？……女孩？……是的……小小女孩……進入這個……進入這個……她來早了……被上帝遺棄的洞叫……叫……無所謂了……父母不詳……沒聽說過……（《不是我》，參考資料1，以下同，

不再說明。）

　　獨白中，婦人狂熱地拼湊記憶碎片，也像是在和另一個人的對話，我們只能聽到這一頭的聲音。透過這些斷斷續續的信息，我跟著拼湊。這是個被歡迎的小生命嗎？提早來到這世上，卻是個被遺棄的孩子。在高速不停地講述中，有另一個人不斷向自己提問，婦人吐露出一個生命的歷程，也持續被提出的問題所撕裂。這些重複且碎片化的短語，例如：tiny little thing、out before its time、sudden urge to tell、godforsaken hole、speechless all her days等，很快喚起我們腦海中的某些固定意象，積累了大量的意義，其中充滿恐慌、讓人屏息又急於找到解脫的暗示。What？…Who？…No！…She！

　　貝克特似乎無意拓展詞語的涵義，讓它們變得華麗多姿，反而更聚焦在削減它們的社會含義，讓詞語之間的關係變得赤裸，有時甚至是殘酷的。

　　撫養她長大的人教她相信……和其他流浪兒一樣……相信仁慈的……〔短暫地笑〕……上帝……〔大笑〕……第

不生不滅：破碎的孤獨，比昂（Bion）苦苦尋找著心經的心聲？

一個念頭是……哦在這麼久之後……像突然一道閃電……
是她在受著懲罰……為她的罪孽……許許多多的罪孽而那
時……還有證據假如需要證據的話……都像閃電一般穿過她
的腦海……一件又一件……那時覺得是愚蠢的便從心中抹去
了……哦在這麼久之後……這個念頭便消失了……而她突然
意識到……逐漸意識到 ⋯ 她並未受苦……想像一下！⋯ 並
未受苦！……可真是想不起 ⋯ 當下想不起 ⋯ 她何時曾受
苦得少一點……當然除非她是 ⋯⋯ 註定該受苦的……哈！
（《不是我》）

　　她想起從小就相信「仁慈的上帝」，隨後又充滿譏諷的
笑著。懲罰跟仁慈同時並在，生命到底是被上帝仁慈的護佑
著，還是因為犯錯在接受應有的懲罰？生命是只能擇一的生
活著，還是可以帶著二元對立的矛盾感生活著？

　　獨白中戲劇性地描述了四個重要時刻，生來就是一件小
事、70歲的她在克羅克的土地上摀著雙手哭泣、被派去某個
購物中心購物、在法庭上。生命中的癱瘓，開始於她假設正
受到上帝的懲罰，但發現她並沒有受苦。其實是她感覺不到
痛苦，就像她在生活中感覺不到快樂一樣。她無法思考為什
麼她會受到懲罰，但她承認上帝的所作所為不需要特定的原

因。她靠著神的恩典存活下來，並且相信祂所賜的恩典不是徒然的，她比其他人更加勞苦，但，這不是我。然後，她認爲如果有足夠長的時間回顧生活事件，這些事情就會向她揭示。除了骨頭中持續的嗡嗡聲總是伴隨她，還有一道不同強度的光在折磨著她，兩者似乎有關聯。（參考維基百科）

答案到底是什麼？是或不是？有或無？她擺脫不了內心的質疑。即使曾經領悟到，也給了自己一個答案，可是一段時間之後，又重複在一樣的迴圈裡，想要選擇一個可以安適或者說甘願的答案。

就像那些奇怪的時刻……她生命中的……原本明顯該享受樂趣的時候……實際上她卻……絲毫沒有……一點兒都沒有……也就當然……覺悟她是在受罰的……由於這個罪孽或是那個……或者由於全部……或者並沒什麼特別原因……爲受罰而受罰……她徹底明白了的事……覺悟她是在受罰的……她早就曾意識到這一點……卻從心中抹去了……以爲是愚蠢的……（《不是我》）

到底分岔點在哪裡？是從哪裡岔出去之後，我們繼續的細碎化，碎到不知道要從哪裡拼湊回來？線索在哪裡？這麼

  不生不滅：破碎的孤獨，比昂（Bion）苦苦尋找著心經的心聲？

這麼微小的碎片，怎麼找出旁邊與它相連的另一塊？想到曾經拼過幾千片的拼圖，每一片都是這麼細碎的圖案，怎麼辨識出共同的鄰邊或色塊？要以哪裡爲起點來開始？更何況是已經破破碎碎的生命，如果沒有一個大策略，便會鑽入細碎的每一塊，消耗心力，不斷的拼湊，卻沒有頭緒，然後迷失在其中。

　　貝克特想呈現出童年記憶中的愛爾蘭鄉村老太太，不是具體特定的「她」，而是一種集體印象。很多老太太從修道院或村裡的其他地方穿過馬路，跌跌撞撞地走在小巷裡、溝渠裡、樹籬旁邊。她們不停地說話、說話、喋喋不休、低聲細語。他捕捉一種徹底的歇斯底里，從骨頭裡傳出的訊息，一種無情的嗡嗡聲，這是長久浸潤在這個環境氛圍的體感記憶。

　　他被採訪時表示：「我不會比她更知道她在哪裡，也不知道爲什麼這樣。我所知道的都在文本中。『她』純粹是一個舞臺實體，是舞臺形象的一部分，是舞臺文本的提供者和獨白。」（參考維基百科）

　　在腦中，我感到一葬禮，
　　哀悼者來來去去

不停地踩著──踩著──直到

意義像似快有所突破──

他們坐定後，

葬禮儀式，像只鼓──

不停地敲打──敲打──直到

我心木麻──

然後我聽到他們舉起一個箱子

再次地，以那些相同的鉛鞋

傾軋過我的靈魂，

然後空間──開始響起喪鐘，

如同所有的天堂是個鈴，

而存在，是一隻耳朵

……

（賴傑威 董恆秀譯，艾蜜莉迪金生詩選，木馬文化。）

繭緊緊的裹著

時不時地……扭動但她不能……像真正劇痛的時候

那樣……但她不能……沒辦法讓自己……是她天性裡的弱

點……做不到欺騙……或者是機械問題……更可能是機

不生不滅：破碎的孤獨，比昂（Bion）苦苦尋找著心經的心聲？

械……徹底切斷了……收不到信號……或者是無力回應……
就像癱瘓了……發不出聲音……什麼聲音也不行……哪種
聲音都不行……譬如求救的尖叫那都不行 … 卽使她想那樣
做……尖叫……〔尖叫〕……然後聽……〔沉默〕……再尖
叫……〔再次尖叫〕……然後再聽 ……〔沉默〕……不……
沒有……一切都像墳墓那樣靜寂。（《不是我》）

　　比昂提過一個案例。他看起來非常健康，進來，坐到
沙發上躺下。一段時間後，你開始注意到他幾乎沒有打擾沙
發上的被子；當他起身出門時，你不必撫平被子——幾乎沒
有任何動靜。當你繼續觀察，一種模式開始出現……你會注
意到病人恰好躺在同一個地方。這沒什麼了不起的，但是當
他日復一日、周復一周、年復一年地躺在同一個地方時，我
想你會開始懷疑他可能躺在懸崖邊上。從他所做的動作量
來看，他的躺姿與他處於僵硬狀態時的身體表現完全一樣。
（引用Bion, Tavistock Seminars, 5 July 1978, P. 58-59）

　　什麼？……誰？……不！……是她！……能說話了……
這聲音她起初都辨別不出來因爲已經有那麼久它沒有響過
了……然後終於不得不承認 ……不可能是別人……就是她自

己的聲音……（《不是我》）

　　有些片段仍是空白的，有些具體的記憶被摺疊起來，被聲音本身的描述所掩蓋。如果是比昂遇到這樣的狀況，他會怎麼思考呢？我想大膽假設一下，借用他在塔維斯托克研討會說的話和案例，來增加一些我可以想像的元素：

　　……我沒有材料可以詮釋，所以我必須進行轉變。我必須找到一個頂點，從這個角度來看，這些事情會變得不同。因此，我開始思考這個故事出了什麼問題：這種行為日復一日，似乎根本沒有進展，也不反對不進展。我想到，我給出的許多解釋可能讓患者覺得非常明顯，就好像我只是回應患者告訴我的事情；患者說：「昨天我出去買了些東西。」我說：「是的，昨天你出去買了些東西。」所以問題是，這個故事有什麼奇怪之處？（引用Bion, Tavistock Seminars, 5 July 1978, P.59）

　　分析師與理論家或哲學家不同之處在於，後者依賴於思維、記憶和感性現實，而分析師能夠與未分化、未思考、非感官的現實保持聯繫，而這些是心理現象產生的源頭。（參考Rudi, Vermote, Reading Bion，引用Attention And Interpretation (1970)，P.142）

不生不滅：破碎的孤獨，比昂（Bion）苦苦尋找著心經的心聲？

……直到她開始試著……騙自己說……那話根本不是她講的……根本不是她的聲音……而她突然感覺到……逐漸感覺到……她嘴唇在動……在那一刻前她還從未有過……而且不僅嘴唇……臉頰……下巴……整張臉……（《不是我》）

　　貝克特在劇中表達，一個人那樣無法抑制地對自己說的話，強迫性的意念無盡地驅使，催化著失控又戲劇化的行為。在極度崩潰瞬間，看進了內部的縫隙，不僅承認她自己的聲音，而且還有另一個可怕的念頭。如閃電般突然意識到，比可怕還可怕，就是，感覺回來了！臨床上，我們常會聽到個案在說別人的故事。不禁讓人疑惑，眼前的人是我的個案，還是他／她口中說的那個人才是。比昂提到一位從未告訴他任何關於自己事情的病人，他似乎根本沒有過自己的生活，總是說著其他人的事情，也從沒經歷過挫折……作為分析師在會談中卻感受到沮喪。

　　「在這種情況下，患者將自己的部分投射到我身上，這樣我就會感到沮喪，而他則不會經歷挫折。這詮釋好像太明顯，以至於人們對此感到有點懷疑。沒有人知道那位患者身在何處，甚至患者自己都不知道。從這個角度來看，如果只是自己感受到挫敗，則將挫折定位在諮詢室內，實際上，挫

折的位置是錯誤的。陷入其中，擁有那樣的情感經歷，和成為一個在各種方式下感到挫折的人，而患者卻不受挫折，這真是一種神祕的情況。人們感到應該有一些事實來支持它，但通常所說的事實並不存在。我注意到這位患者從來沒有發生過任何事情之後，我意識到他所提到的所有這些人都是他自性（Self）的一部分。我唯一的證據是我的感受，但問題是，如何將這一點傳達給患者呢？」最終，比昂帶著一些疑慮給出了這樣的詮釋：「我認爲你讓我感到挫折，而不是你自己感到挫折，這樣你就不會有任何挫折感。」他對此的第一反應是一陣憤怒和敵意。我說：「剛才當我跟你說話時，你並沒有意識到我對你說話；你的反應就好像你覺得我把你不想要的話語灌輸給你一樣。」（劉玉文翻譯，Tavistock Seminars, 5 July 1978, P. 61）

我掉落，撞到一個世界，然後終於知解

　　或者是她哭泣的那次……是她記憶中唯一一次……自從嬰兒時代以來……一定曾哭得像個嬰兒……或許也沒有……哭並不是生命必需……除了嬰兒誕生時的哭泣是爲生命的……爲了能呼吸……就再也沒有哭過直到這次……已經是

  不生不滅：破碎的孤獨，比昂（Bion）苦苦尋找著心經的心聲？

個醜老太婆了⋯⋯坐著盯著她的手⋯⋯那是在哪裡？（《不是我》）

舞臺上，那張嘴就像試圖生育自我的陰道，和完美的無瑕的牙齒，唇齒相依。以第三人稱談論自己並描述自己，以超然的態度觀察自己生活的記憶，就好像它們發生在某人身上一樣。以這樣的角度，才能有餘力去看見、去描繪、去感受。嘴巴成為一個象徵管道。而一種既定的語言總是形成某種傾向或偏見，為了說話，必須與被植入的信念協商。

比昂描述他在會談期間的心境，處於接近睡眠狀態。「在治療過程中強調擺脫記憶和慾望，積極抵制依賴理論和理解的誘惑。睡意向我襲來：如果要讓我的想法變得容易理解，我必須實現放鬆的一部分。我必須跟著做夢，但這樣我就有可能睡著了。我不得不閉上眼睛，因為它們刺痛。然後我幾乎要睡著了⋯⋯那就更接近佛洛伊德的夢工作觀點。意識是潛意識的僕人。意識的工作就是在其活動中撒謊、欺騙和保護無意識⋯⋯藝術家的O只有在被轉化為一件藝術品時才能被理解。」（劉玉文翻譯，Reading Bion，引用 Attention And Interpretation (1970)，P.151）

嬰孩時唯一的那次哭泣，從嘴巴發出聲音，嘴巴的運動

伴隨著唔唔含糊不清的聲音。從中摸索和辨識自己的存在，雖然當時他無法命名任何事物，包含哭泣和另一個有體溫的母親。嬰孩時唯一的那次哭泣，指出這具肉身存活於世的開始，是存活的第一口呼吸、第一個聲音，是嬰兒開始創造出客體能力的起步，也是因緣聚合而成的現象。如果我們說由內在生起向外接觸客觀世界，似乎落入二元和因果關係的看法。

舞臺上的嘴巴是嘴巴嗎？從萬物相互依存的一體性來看，如果深觀自己的身體，會看到自己的父母、祖父母、祖先及地球的整個歷史。我們知道身體是因緣聚合而成的現象，它由我們一般不會想像到的其他一切所組成。我們可以看到陽光、星月、時間和空間。事實上，整個宇宙一起構成了我們的身體。看著星月，我們看到自己的心。看著我們所感知的，我們看到感知者。我們的感官知覺和感知的對象總是同時生起。知覺始終是對某些東西的知覺，因為有對境而同時生起覺受。（參考《一行禪師講心經》，P.57，P.140）

無法停止水流般湧出的話……而整個大腦都在乞求……有什麼東西在大腦中乞求著……求嘴停止……暫停一刻……停一刻也好……然而沒有回應……它像沒有聽到似的…… 或

不生不滅：破碎的孤獨，比昂（Bion）苦苦尋找著心經的心聲？

者是做不到……做不到暫停一秒……就像是瘋了……所有那些都……奮力要傾聽……拼到一起……而大腦……獨自發狂地講著……嘗試著弄懂……或者停下來……或者考慮著過去……把過去的事牽扯出來……閃現各種不同的時刻。（《不是我》）

想到杯弓蛇影的比喻，蛇是本來就沒有的東西，談不上去除，但由於我們對實相有錯誤的理解，變相將虛妄的蛇和去除蛇當作實有真切的，所以煩惱和我執橫生。弓投射出來的蛇影，甚至引發恐慌等一連串心理反應，像是真的，但不實。

怎麼解脫痛苦？《心經》中提到「無苦集滅道」，苦集滅道正如其他萬法一樣，都是因緣所生而沒有堅固、恆常不變的真實自性。「無苦集滅道」是菩薩超越四聖諦的境界，不執著「苦集滅道」，不住生死，而得解脫；同時也不離生死，繼續度眾生。我們以為佛家追求解脫，以到彼岸去、涅槃為目標。其實涅槃是相對於生死，是對輪迴之苦的分別，才產生外境的意義。

苦是結果，集是導致苦果的因，產生痛苦的根源，主要有貪、瞋、癡三毒。曾聽過星雲法師比喻四聖諦：苦集滅

道就像治病的過程，一個人生病了，痛苦煎熬是結果，屬苦諦；知道病因，是集諦；對症下藥，施行各種醫療方法，是道諦；藥到病除，恢復健康，是滅諦。目的就是要使眾生「知苦、斷集、慕滅、修道」。當然這樣簡短的說明不足以充分闡述四聖諦的真義。

　　精神分析不像醫學那樣依賴感官，情感心理現實是通過直覺觀察到的，不受空間、時間和因果關係的約束。實務上，無論分析有多深入，在任何一點上，接受分析的人都只能得到部分的啟示，已知與未知的比例都很小。會談時需留意未知的個性，而不是被分析者或分析師自認為知道的東西。當我們能夠容忍缺失時，一種思想就萌生了。有別於傳統精神分析將潛意識作為主要焦點，比昂認為將潛意識作為一個概念，過於像一個容器，而且與快樂原則有關，是作為保存我們的東西，這傾向為逃避痛苦。從O-頂點進行分析的重點是未知，而不是妥協，是包括無意識和有意識。經歷無意識衝突並不保證個案會與O有更多的接觸，而這種接觸需要一種沒有記憶、沒有慾望、沒有理解、沒有連貫性的特殊態度。（參考Reading Bion，引用Attention And Interpretation (1970)，P.153）

終日尋春不見春

上帝是愛……洗清她的罪……回到田野中去……清晨的太陽……四月……把臉埋進青草中……除了雲雀什麼都沒有……就這樣……抓住稻草……奮力傾聽……那奇怪的詞……要去明白它的意思……整具身體都消失了似的…… 只剩嘴……像是瘋了……又停不下來……沒法讓它停下來……是她的……是她必須的……什麼？……誰？…… 不！……她！（《不是我》）

《不是我》最後一段把喋喋不休的詞彙做了整體的敘說。如同傳記，她一直是一個沉默的孩子，幾乎是一個啞巴，只是偶爾突然想說話，不得不衝到室外的廁所，把話全吐了出來。劇本開始與結束發生同一件事。在這裡，我更好奇「重複」中哪些重複因素被排除在外，還有隨著時間的移轉，現在這些因素又成為了什麼？就像音樂是重複的，在每次錄製或表演中，它總是會有所不同。

當一次又一次地看到同一部電影，我們對它的認知也會改變。因為即使它保持不變，我們自身也已經改變了。就像聽錄製的複調音樂一樣。第二次聽時，會聽到第一次錯過的

細節。古希臘哲學家赫拉克利特曾說過一句名言：「人不能兩次踏進同一條河流。」一切事物都在流動，都在變化，永遠凝固不動的事物並不存在。可是，變化的事物在變的過程中又具有相對的穩定性，是一個從由量變到質變的過程，是變中有序的，並不是瞬息萬變，不可捉摸的。因此當我們第二次踏進這條河時，接觸到的河水，已不是第一次踏進時的河水，是另一波的水。

我們再來看另一個案例，個案接受多年的精神分析，然後被診斷出處於晚期不治的癌症，他要求見分析師，然後抨擊分析師完全沒有意識到，他一直談論的情況的嚴重性。他為什麼要見分析師呢？只是為了發洩他有多討厭分析？如果這位個案所剩時日不多，難道他不想用更值得的方式來度過這些剩餘的時間嗎？這個故事有些非常奇怪之處，比昂改變視角後發現，個案從沒勇氣表達他的憤怒和挫折；他最有自由感的一次是與分析師相處的時候。個案覺得向醫院工作人員表達這種情感是沒有用的，因為他們關心的是讓病患安心的故事，並會建議各種化療方法。這位患者渴望有機會告訴分析師他真正的感受，並讓分析師再次講出真相。他試圖在去世之前，做最後的嘗試，希望能夠聽到一點點真相。後來，分析師驚訝也寬慰的發現，患者開始談論他不喜歡周圍

的儀器，儘管這些儀器在保護他的生命，但卻讓他在剩餘的生命裡感到非常不舒服。沒有人希望保持活著只是為了看到肌肉抽搐，變成一種神經／肌肉的準備，而這是正在發生的事情。（參考Tavistock Seminars, 5 July 1978, P.60）

比昂以不同的方式理解痛苦和快樂——痛苦原則，也在研討會上指出很少有分析師既相信心理痛苦，又相信在某種程度上可以治癒。不過「治癒」這個詞實際上幾乎沒有意義；如果它有任何意義，通常是指一些愉快或令人愉快的事情，而不是意識到自己所生活的宇宙。他相信的變化不是漸進的，也不是一蹴而就的發展，而是突然發生的。個案說：「我明白了」，有時候會覺得他確實明白了，他已經看到了某些東西。這與個案說：「是的，我知道」是完全不同。上面的案例不禁讓我們思考，無論人們是否想繼續活著，總在以人工手段來保存他們的生命。痛苦表達了對成長和成熟的抵抗，也在說是對與O接觸所帶來的成長抵抗。欲望、記憶和理解是建立在避免痛苦和保持信念的基礎上的，然而，通過這種方式，它們阻礙了O的轉化，記憶和理解成為一種對T（O）的抵抗形式的想法。當「沒有記憶，沒有欲望」的態度伴隨著敬畏和神祕感，它讓分析師更容易接受被分析者的投射，以及與自己產生共鳴的精神分析對象。同時，我們

也來看容納會引發的狀況，它常源於幫助患者、理解、為患者緩解痛苦的願望，這都來自感官領域，可能會阻礙O的演變和成為。……比昂將精神病視為一種避免體驗O的方式。這些思維的出現與容忍挫折的能力相關。（參考Reading Bion，引用Attention And Interpretation (1970)，P.154-156）

我們都是支離破碎的，能夠容納這種心態很重要，怎麼將自己從瞭解、歸類和緊抓的態度中解放出來，並能夠開放納進所謂的精神病模式，即O從幻覺層找到K？能夠在不確定性、神祕和疑惑中存在，而不急於尋求事實和理由時，是負能力（Negative Capability）的展現。比昂認為分裂成碎片的不是人，而是嫉妒，「一個等待變成惡性的單個惡性細胞」，每個碎片各自生長，導致嫉妒的癌性生長。臨床上，我們會發現當對正確詮釋產生成就感時，某種沮喪感幾乎會隨之而來。我們有沒有可能離開偏執性——分裂位置和抑鬱位置，也就是與這兩種病態狀態相關的迫害和抑鬱感覺呢？這需要歷經在「耐心」和「安全」狀態之間的搖擺，而且這對治療工作來說是有價值的。生命似乎總在尋求一種既能恢復神（母親），又能演化神（無形、無限、難以言喻、不存在）的活動，母親的恢復可以解釋為內部思維乳房的恢

復或T（K），而神的演化可以被視爲T（O）。這樣符號性的描述，也指出在精神分析過程中，尋求內在平靜與發展是同等重要。（參考Reading Bion，引用Attention And Interpretation (1970)，P.164-166）

最後，分享一首禪詩「終日尋春不見春」。當我們已經身在春天之中，而且四季常春的時候，還需要找春天嗎？到哪兒去找呢？但是，如果只知道春天這個名詞而不知道春天是什麼，即使身在春天也會不認識春，那麼就永遠找不到春天了。那麼春天會永遠存在嗎？不能！它瞬息萬變。當我們感受到有那個東西，有一個永遠不變的春，春天就即刻離開了。如果心有所執著，即使真正見到春天，終究也會失去它。（引用公案100）

參考資料：

1.《不是我》影片 https://youtu.be/M4LDwfKxr-M
2.《不是我》維基百科 https://en.m.wikipedia.org/wiki/Not_I
3.一行禪師講心經，一行禪師著，橡樹林出版
4.艾蜜莉迪金生詩選，賴傑威、董恆秀譯，木馬文化
5.公案100，聖嚴法師著
（http://www.book853.com/show.aspx?id=147&cid=34）
6.Wilfred R. Bion. Chapter Seminar Six 5 July 1978. *The Tavistock*

Seminars 2005. Routledge.

7.Rudi Vermote. 《Reading Bion》, Routledge

劉玉文

諮商心理師

劉玉文心理諮商所　所長

看見心理諮商所　治療師

十里杉林基金會／協會　課程講師

不生不滅：破碎的孤獨，比昂（Bion）苦苦尋找著心經的心聲？

與談人：邱高惠美

　　從懷特洛描述在扮演《不是我》（Not I）「嘴巴」的痛苦經歷和從嘴裡的傾訴中聽到了自己「內心的尖叫」開始敍說，彷彿先讓我經歷到了苦的感受。

　　佛說人生有八苦而生之苦即是其中一種，這讓我聯想到，人的出生是一場從苦開始的旅程，最初胎兒在母親的子宮容器裡被安全的保護，開始擁有活躍但有限的心理活動，主要是藉由聽覺和動覺來體驗在子宮這個容器內的經驗；在出生的過程中既令人興奮（樂）又令人恐懼（苦），受到子宮的收縮、產道的擠壓乃至接受外在世界的感官刺激，同時也面臨著身體各方面的痛苦感受，而同時，母親也正面臨到生死交關的過程，既承受痛苦又期待。生命在經歷苦之後而逐漸感受到樂，苦樂並存的人生，似乎這就是生命本質的初體現。

　　釋迦牟尼成佛前曾修苦行，四聖諦是釋迦牟尼體悟的苦、集、滅、道是佛法的綱要/真理，四諦闡明人生的本質是苦，以及之所以苦的原因、消除苦的方法和達到涅槃的最終目的。苦的類別很多：我和身體的苦、我和人的苦、我和事物的苦、我和欲的苦、我和自然環境的苦……，人都有現實

苦迫（苦），人都有煩惱（集）。在經典中有這樣的比喻：眾生的身心有種種的苦及煩惱。那麼，苦是人類生命中必然的存在、必然的發生，也是自然而無法迴避的經驗。

佛洛伊德在《歇斯底里研究》中強調心理創傷是歇斯底里的心理決定因子，在朵拉的案例中清楚的說明：一個心理創傷、一個情感衝突和一個額外的因素……一個性特質領域中的困擾。那些奇奇怪怪的歇斯底里症狀，其實都隱藏著意義，而症狀是對過去經驗的回憶，這些太過痛苦的記憶，以致於被意識排除的創傷憶痕將不斷的自無意識復返，幻化成各種無名的症狀、防衛機轉、夢來重現苦的各種樣貌。

《不是我》並非人的獨白，是嘴的獨白，它以第三人稱回憶生命中一系列創傷性事件，墜入無法控制的囈語～支離破碎的回憶和表達。貝克特要求懷特洛以一種單調的、平板的聲調朗誦臺詞，不要有自己的感情起伏，就是自然呈現「說」的動作現象，而「嘴」像瀑布一樣以盡可能快的速度傾瀉出一個老婦人瘋狂的獨白，沒有聽眾也無需聽眾的傾訴。觀賞和聆聽它／她的訴說的同時，初期有一種煩燥不安感，幾度想離開現場；隨著時間歷程逐漸在混亂的語速和聲調裡，嘗試感受著、好奇著這聽起來混沌無意義的內容裡想傳遞些什麼？Bion將這些雜亂、混濁不清的身體語言和原始

  不生不滅：破碎的孤獨，比昂（Bion）苦苦尋找著心經的心聲？

的心靈感受，發明了貝塔元素（β）稱之，在to let的空間可以作為澄清和思考身體和心靈之間的結合之處。

Bion說痛苦是存在的事實——與享樂沒有太大不同，事實上，我認為人們需要一個語言，與其說是特定的詞，不如說是一種聚合；把一些感受或想法聚集在一起，放入一些內容中排序。你可以把快樂和痛苦視為光譜兩端不同的目的。這就很容易理解，為什麼我們喜歡有一種美好的感覺，甚至相信自己可以擁有美好的感覺。你必須假設你有感覺，或者沒有感覺，如果你不願意付出，痛苦是不可避免的事實……（參考Bion, The Tavistock Seminars 6）。

在臨床／分析情境，當病人帶著各種的苦難和創傷（β元素）進到治療的空間裡，說的是現在的我？還是過去的我？或者不是我？那是一個陌生人？是誰的苦？藉由兩個人的關係互動試圖尋求緩解、修通（α元素）。佛洛伊德以自由聯想的方法在診療室進行治療工作，主要是傾聽，而病人則是透過記憶、夢境、隨心所欲的漫遊，在病人與分析師（傾聽者）之間移情和反移情的關係中修復與轉化。在〈狼人〉的案例裡，其晚年的評論談到，對於過去長年的分析治療仍給予正面的評價。精神分析的觀點：談論「移情」和「反移情」是非常有用的。正如溫尼科特所說，是一個過

渡性客體，它正處於過渡的階段，從天知道在哪裡到天知道是什麼的過程中，從遺忘到失憶——中間過渡的空間狀態可以用「移情關係」和「反移情」來填補。（參考Bion, The Tavistock Seminars 5, 28 JUNE 1976.）

聆聽受苦的聲音，沒人聽的話是不可能存在，在貝克特《不是我》的原劇本中，舞臺右側說話的女人和左側披著斗篷的人之間存在著一種動態的張力，整齣劇在嘴巴強烈拒絕放棄第三人稱，堅定的以主體方式呈現的態度，而且恢復過來的四個停頓處，披著斗篷的人會舉起手臂然後落下，展現一種無助的同情心的姿態。劇場的舞台正活靈活現反應了治療室內的場景，在空間的概念、狀態（舞台／治療室／平台）裡，同時存在著是我和非我；分析者和被分析者；觀眾和喋喋不休的嘴，舞台上的兩個女人……敘說者（病人）和聆聽者（治療師／分析師）彼此互為主體的動力關係，聆聽者透過全神貫注和無我的觀（眼耳鼻舌身意），跟著敘說者在苦裡來痛裡去的動態起伏，同時能依然自在的Being～自觀、自在，一如佛陀觀看世間所有的苦難亦能超脫苦的境地，一切是必然的現象場，這正是心經最主要的精髓～觀自在的觀照自己、觀照天地、觀照眾生。

Bion想到了弗洛伊德經常提到夏科對觀察的堅持——在

我看來，這就是它的本質——觀察，但我們在觀察什麼？即使我們使用的語言也不足以應對這種我們所做的困難工作。我們必須使用「觀察」這個詞作為一種比喻⋯⋯我們確實觀察到在現實中經常觀察不到的事情，⋯⋯如果我們能夠在我們自己的頭腦中明確的知道我們正在觀察的是什麼，那將會很有用⋯⋯（參考Bion, The Tavistock Seminars 14.）。治療師／分析師的自我覺察（觀察）亦是一種觀照（感官、靈感）的形式，越能夠對我們所要解決的問題有所觀察，就越能做一些接近事實的行動。

　　若要對苦有所觀察和觀照，需要整個人全面性的實地去聆聽、去感受、去思考各種被遺忘的聲音，也許隱藏在所有這些碎片中的某個地方有一些重要的訊息～你可以看到真正的苦，但聆聽這些「無聲之聲」，又談何容易？

邱高惠美

心樂活／心悠活診所社會工作師
臺灣心理治療個案管理學會會員
臺灣精神分析學會會員
台南精神讀書會工作小組

無智亦無得：不是我，嘴巴屬於生命中所有日子的啞口無言

劉又銘

Slide I　嘴巴的聲音

貝克特說，Not I這齣小戲是「一張動著的嘴，在黑暗的舞台之中」。要女演員比莉懷特勞以一種單調的、平板的聲調朗誦台詞。若是過分有起伏，或是帶上感情，貝克特就會搖著頭抱怨，「太多顏色了！」（取自網路資訊，參見註解）

嘴：「一出來一進入這個世界一來進入了這個一她來早了一鬼地方簡直是個洞叫做一叫一無所謂了一不知她父母是誰一沒聽說過一」（貝克特，Not I，中譯：網路資訊）

正當劇本中的嘴說著小女孩與老太婆的故事，與此同時，台上的演員的嘴演出著貝克特的感覺。當演員不能有自己的聲音，可說為了藝術而犧牲，與此同時，想像著如果嘴巴也是一個演員？

這情況有趣，我們可以畫出不同而同時存在的豐富象限，聲音會變成我與嘴巴的中間相連地帶，是嘴巴或我在說

話？這是我的嘴巴？不是我的嘴巴？故事的意義也變成在描繪說者與聽眾的關係，說甚麼給誰聽的問題。

Slide 2　不是我的故事

《不是我》並非人的獨白，是嘴的獨白，它以第三人稱回憶生命中一系列，墜入無法控制的囈語，從它支離破碎的回放式表達，我們知道，有些不知道的甚麼在嘴巴行動著。

「這是次山洪般傾瀉的，並不自主的獨白，像是被什麼力量推動著，墜入近乎瘋狂的，沒有聽眾也無需聽眾的傾訴。」（另一種版本中有旁聽者，隨著說話的停頓時進行肢體行動）（網路資訊）

於是我會對這種力量產生回應：有一種知覺到不是我，一些不屬於我的狀態，我在我的世界並非alone的，只是以一種不知覺的情況延續著，在一個被聚集成堆的團體中一分子。

Slide 3　不是我說我的故事

「不知她父母是誰——沒聽說過……幾乎就是立刻——

也就沒有愛──沒那個──沒有那種通常傾注在──不會說話的嬰兒身上的──在家中的──沒有──也根本沒有任何種類的任何的──什麼愛都沒有──後來任何階段也都沒有──多麼典型──什麼都沒有直到六十歲時……什麼？──七十？──老天爺呵──直到七十歲時──在鄉間亂走著──漫無目的尋找櫻草──為了做個花球──走幾步便停下來──凝望天空──接著──再走幾步──又停下來凝望──就這樣──四處漫游著──直到突然間──逐漸地──一切都暗下來──所有那四月初清晨的光線都──而她發現自己在……什麼？── 誰？──不！──是她！【停頓，第一次動作】──她發現自己在黑暗中──失去知覺──失去知覺──即使不完全是──因為她仍然能聽到嗡嗡聲──」

（貝克特，Not I，中譯：網路資訊）

Slide 4　繞過大腦，繞過我

「她不知道──自己是什麼姿勢！──是站著──還是坐著──但是那大腦……什麼？──是跪著？──是的──無論是站著──坐著──還是躺著的──但是那大腦仍舊──仍舊──以某種方式──因為她的第一個念頭是──哦

不生不滅：破碎的孤獨，比昂（Bion）苦苦尋找著心經的心聲？

在這麼久之後——像突然一道閃電——撫養她長大的人教她相信——和其他流浪兒一樣——相信仁慈的——【短暫地笑】——上帝」（貝克特，Not I，中譯：網路資訊）

此前，1972年底，它已經在紐約林肯中心首演……據說貝克特看完戲後極其憤怒，直白地告訴演員，「你毀了我的戲。」他嫌Tandy的獨白太慢了，這齣戲應當是一種不自主的宣洩，極快的語速，「它作用於觀眾的神經，不是他們的大腦。」（網路資訊）

Slide 5　演員的舞台在大腦的後方

這戲想要繞過心智的作用，像是要企圖引發一種大腦中斷反應的經驗被找到。佛洛伊德在移情愛的闡述中，曾提到有某種被相信的東西（make-believe），在移情愛這場戲之中出現，像是想要告訴大腦或是我些甚麼，隨著失火的行動，戛然而止。佛洛伊德本來的闡述，可能是要說明治療在移情愛之中中斷的阻抗作用；然而貝克特似乎嘗試演出來，某種被大腦相信的東西make-believe，這種當真的世界之外，有著一種有如失火之後的世界，而反覆重複需要被訴說的經驗。

這齣戲的訴求要脫離大腦，有過一種經驗的戲在重演，需要如此方能被看到。看這齣戲如果這經驗是：嘴巴在說話，而甚麼是我，我在哪裡？嘴巴在說的話是一種聲音，一種能讓神經反射的訊息，我是在哪裡的嗎？跟動作和知覺的訊息在一起的嗎，或者是不在那裡的，於是有一種紀錄必須被重新審視，關於我在哪裡。

Slide 6　我的組成與過渡現象

溫尼科特說的我me的發現，是從非我not-me的發現而感知到不同的存在開始，接著有一段漫漫長路，如何從感知身體被照顧的經驗的累積，形成自己。非我與我的分離，可能對嬰兒全能造成威脅，而需要一些協助，溫尼科特稱之為錯覺的過渡現象。

「人類生命的第三部分，這是我們不能忽視的一部分，是一種體驗的中間領域，其中內在現實和外在生活都在其中貢獻。這是一個不受質疑的領域，因為我們並未向它提出任何要求，唯一的要求是它應該作為個人的休息地存在，以繼續人類永恆的任務，即能夠保持內在和外在現實的分離而卻是相互關聯的。……因此，我正在研究錯覺（illusion）的

  不生不滅：破碎的孤獨，比昂（Bion）苦苦尋找著心經的心聲？

實質，那是嬰兒被允許擁有的東西，在成年後成爲藝術和宗教的內在特徵。」（Winnicott, D. W. (1953) Transitional Objects and Transitional Phenomena-A Study of the First Not-Me Possession. International Journal of Psychoanalysis 34:89-97.）

「我希望能夠理解，我所指的並不完全是小孩子的泰迪熊或嬰兒第一次使用的拳頭（拇指、手指）。……我關心的是第一次擁有的經驗，以及介於主觀和主觀被客觀感知之間的某個中間領域。」（Winnicott, D. W. (1953) Transitional Objects and Transitional Phenomena-A Study of the First Not-Me Possession. International Journal of Psychoanalysis 34:89-97.）

Slide 7　我的過渡現象 I-not I, me-not me, I-me

W這邊說他注重的是第一次擁有的經驗，而不是客體。我們注意經驗，經驗來自於內外交會的時刻，是神奇的，同時是創造與發現；而主觀是內在，主觀被客觀感知是外在，中間有一個連接區域，是主體可以擁有的經驗，這經驗在哪

裡呢？內在或是外在，都不是或都是，所以有一個中間的過渡空間，過渡現象在那裡，像是擁有這種事情，乃至感知這種經驗。

　　所以我對我的經驗是甚麼呢？主觀是I，主觀被客觀感知的是me，然後，not-me是早就在的，Not I，是一種非我又是我的內在的悖論。

　　我會遇到的問題是，「我」這個人格，心智，在既有「我」這個身體與形象的外在存在，與內在的創造力與生命力的「我」的出現，之間，需要形成過渡空間中的過渡現象，負責處理me-not me之間（內在外在），I-me之間（主動被動，主觀客觀），I-not I之間（國王與人民）

Slide 8　我與嘴的過渡現象

　　「懷特勞曾把她和貝克特在1963年的相識，稱爲編劇與演員之間類似於一見鍾情的那種一見卽信」……用她自己的話說，「我只是貝克特的舞台道具」，「他的媒介」。（網路資訊）

　　嘴巴是和導演一見鍾情的演員的話，嘴巴在傾訴甚麼，在告訴我甚麼？是不是在說，嘴巴是我的道具，我這個演

員是某種導演的道具，這種一見鍾情所立卽傳遞的緊密依賴關係。於是嘴巴說話時候，我就是嘴巴，我簡直就是嘴巴，當我占據嘴巴，有如導演占據我。這種占據關係，和溫尼柯特形容的母嬰一體的緊密，parimary maternal preoccupation，或是ego-coverage，有甚麼關係呢？

在這原始而巨大的經驗堆裡，在嬰兒的全能與母親的心智的同時性狀態之間，會不會有著當嬰兒的全能在作用時，而母親的心智並未退讓的狀態，母親的心智在我的裡面形成了巨大的陰影；又或者是當嬰兒的全能沒有母親的心智接引，而那片片段段的通電狀態，自己的呼吸聲成了若有似無的聲音。這些對我的干擾，讓嘴巴與我之間，有著許許多多漂浮著的自我片段：有著我使用嘴巴的經驗、嘴巴使用我的經驗、導演使用嘴巴，我在旁邊的經驗、導演使用我，我找不著嘴巴的經驗……這些只能形容爲許許多多受苦的經驗。

「第一個念頭是——哦在這麼久之後——像突然一道閃電——是她在受著懲罰——爲她的罪孽——許許多多的罪孽而那時——還有證據假如需要證據的話——都像閃電一般穿過她的腦海——一件又一件——那時覺得是愚蠢的便從心中抹去了——哦在這麼久之後——這個念頭便消失了——而她突然意識到——逐漸意識到——她並未受苦——想像一下！

──並未受苦！──可眞是想不起 ──當下想不起──她何時曾受苦得少一點──當然除非她是──注定該受苦的 ──哈！──是必須受苦的──就像那些奇怪的時刻── 她生命中的──原本明顯該享受樂趣的時候──實際上她卻──絲毫沒有──一點兒都沒有──也就當然──覺悟她是在受罰的──由於這個罪孽或是那個──或者由於全部── 或者並沒什麼特別原因──爲受罰而受罰──她徹底明白了的事──覺悟她是在受罰的──她早就曾意識到這一點── 撫養她長大的人教她相信──和其他流浪兒一樣──相信仁慈的──【短暫地笑】──上帝──」（貝克特，Not I，中譯：網路資訊）

　　然而，無法明白自己在受苦的是甚麼？無法明白這種過程是甚麼，有甚麼原因；文化給了一些答案，但那答案仍像是破碎的，在自己破碎的感官感覺裡面這些答案漂浮，組合這些像是幼兒在玩積木。像是塗鴉一筆一筆接下去，有時把對的錯的連在一起，有時把他們擦去，對的錯的像是兩隻眼睛所能相識對看而觀察到的，像是上帝的天平，這樣有了一絲絲感覺能夠像是細線一般聯繫起這些像是玩偶的手腳，有了一種叫做好像是覺悟好像是意義的細細虛線，串連著眼耳鼻舌身意，讓我站了起來，隨即垮下。

  不生不滅：破碎的孤獨，比昂（Bion）苦苦尋找著心經的心聲？

嘴巴是我嗎？為什麼不是我？如果不是我，這件事情是甚麼？

Slide 9　我與嘴與我的過渡現象

嘴，說著她的故事，嘴是如何能夠說著的呢，而不是以我在說話作為方式呢；這挑戰著一種認知，能夠說話的是主體嗎？

當人看到樹在搖動發出聲音，人覺得樹在說話，是有一種現象在其中串連而成，這有關於過渡現象構築而成的文化經驗：布拉姆斯的音樂能夠說話，是有一個有關於主體（我）和主觀被客觀感知的方式在那裡，因而在感覺上仍是有一個我在說話，說著她的故事，以第三人稱敘事的方式，以著觀察、收下與排出的方式，我觀察著我的方式在行動著，這樣的行動有甚麼用意呢，對於被訴說的我而言，是一種敘事，一種表徵，對於訴說的我而言，是一種觀察，一種連結，於是有一種我與我之間的關係重新塑造而成，被用來安撫某種焦慮，溫尼柯特形容的憂鬱性焦慮。

如果嘴巴不是我，我會是耳朵或是別的東西嗎？眼耳鼻舌身意，色生香味觸法，哪一個是我？當嘴巴在說話，耳朵

在聽，我在哪裡，若這些都是我但又都不是我，我這個團體裡面，讓我們產生整合感的是甚麼，既然我們不是整體的，這些或許是一種當真（make-believe）的錯覺嗎？溫尼柯特說，母親足夠恰當好（或許是察覺嬰兒的需要，不打斷嬰兒的連續性，在嬰兒伸出手的時候給予空間）的退讓的時候，有一種嬰兒能夠在自己和現實，內和外之間，產生的過渡空間，一種擁有的經驗，讓憂鬱性焦慮得以緩和。人必須受用於這種錯覺，然後逐漸這種錯覺可以轉化，在漸漸地去錯覺化過程中得到現實感，而充滿感情體驗的全能自我經驗則可以分散於各處。「我」，在身體感觸與世界刺激之間，是在一個過渡空間裡的擁有經驗。

Slide 10　不認識自己，無智亦無得，
　　　　　以無所得故

「就這樣——四處漫游著——一天又一天——或者是她哭泣的那次——是她記憶中唯一一次——自從嬰兒時代以來——一定曾哭得像個嬰兒——或許也沒有——哭並不是生命必需——除了嬰兒誕生時的哭泣是為生命的——為了能呼吸——就再也沒有哭過直到這次——已經是個醜老太婆了——

　不生不滅：破碎的孤獨，比昂（Bion）苦苦尋找著心經的心聲？

坐著盯著她的手——那是在哪裡？」（貝克特，Not I，中譯：網路資訊）

「掌心朝上——突然看見它變濕了——手掌——大概是眼淚——大概是她的——周圍幾英里都沒有人——沒有聲音——只有眼淚——坐著望著眼淚乾涸——一秒鐘就全結束了——或者抓住稻草——大腦——大腦自行其是運動著——迅速抓住然後——那裡什麼都沒有——再繼續——和聲音一樣糟糕——甚至更壞——一樣沒有意義——」（貝克特，Not I，中譯：網路資訊）

不是我。心智不知道自己從哪裡來，不知道自己為什麼想起甚麼，就像嬰兒問說我從哪裡來，人生從半空中出生的境地。心智並不認得自己的親人。

Slide 11　君權神授，王權出生

Grostein：「如果我們使用雙眼聚焦，就沒有所謂的野性思緒。野性思緒只存在於意識的角度。但是野性思緒的果園並不吃它的野燕麥。換句話說，如果從另一邊接收，就像O，或者是一個β元素。β元素並不知道自己是β元素。它高度有組織。它知道自己是誰。我們不知道這一點，因為最初

我們沒有翻譯它的手段，直到我們用α功能進行翻譯。」

Grostein：「……半滲透性不存在。真正存在的是選擇性滲透性。換句話說，α功能——位於意識與無意識之間的接觸障壁中——構成了停頓。你也可以把它看作是弗洛伊德的前意識。Bion沒有使用這個術語。但那個地方有一個現象神。」（On Caesura and Reversible Perspective, James Grotstein MD and Willow Pearson MFT MT-BC, (2016). Fort Da,22(1):51-60）

於是，大腦奮盡全力，成為了君權神授的國王，並且可能給予世上事情王權的審判，好似就是個神，那時候的審判結果，就是我了嗎？

Slide 12 不是我與我的關係，被動與主動的態勢

令人好奇的是，不是我的故事，為什麼選擇說著她的故事，而不是我的故事呢？也就是不是我的故事說出來，彰顯的是某種主觀被動式的存在。以一種旁觀者的角度，記錄這段過程，形成一段啞口無言的歲月。那些透過嘴巴喧囂的經驗，是要對我說些甚麼呢？他們是要提醒我，他們還在這裡

嗎？

「——小不點兒的小東西——來得太早了——這個被拋棄的洞穴——沒有愛——沒那個——生命中所有的日子啞口無言——卽使是對自己——從來沒大聲說話過——也不是徹底不說——偶爾有突然一陣強烈慾望——每年一次或兩次——全都發生在冬天某種奇怪的原因——漫長的夜晚——多少個小時的黑暗——突然一陣強烈慾望想——講——就衝出去到她看見的第一個——最近的廁所——話傾瀉而出——平穩的水流——發瘋的東西——一半元音都是錯的——沒人能跟得上——直到她看到別人盯著自己看——就羞愧得想死——就爬回來——」（貝克特，Not I，中譯：網路資訊）

Grostein：「……幾乎Bion所著述的一切都是全息的。我指的是一個思想可以代表其中包含的無數思想，無論是獨立地還是集體地。……這需要一個神話的必要性，卽「我們創造了它」，因爲我們發現了它。發生在我身上的一切，我都是創造它的，當我發現它時。如果我發現它而沒有創造它，那就叫做創傷。所以我必須在分析中事後創造它。稱之爲幻想和夢想。……」（On Caesura and Reversible Perspective, James Grotstein MD and Willow Pearson MFT MT-BC, (2016).Fort Da,22(1):51-60）

Thomas Ogden在2009《卡夫卡與意識的創造，第一部分》這篇論文中這樣形容：「……閱讀他們的故事、小說和詩歌不僅僅影響讀者的思想，它改變了思維的結構，改變了一個文化中的成員思考的方式。這種改變的思考方式，反過來使文化得以夢見新的夢境，也就是創造出新的神話，以容納文化正在進行的心理變化。……描述人類意識的特定品質，這些品質主要存在於矩陣、背景情感領域中，而不是意識的具體符號內容中。我使用「意識」這個詞來指人類自我意識的能力；意識到自己的意識；能夠將自己的思想、感受和行為作為自己的思想、感受和行為體驗。在沒有意識的情況下，人只是夢中／神話中的一個角色，而這個夢／神話並不是由自己創造的。」（(2009). Psychoanal. Q., (78)(2):343-367 Kafka, Borges, and the Creation of Consciousness, Part I: Kafka-Dark Ironies of the "Gift" of Consciousness, Thomas Ogden）

不是我說著我身世的故事，這像是在自己早已有的自傳上面，加一段流放出去而啞口無言的歲月，像是王子的復仇，說出讓所有人包括我大吃一驚的祕密，讓我有產生顛覆王權、繼承王位的威脅。但或許不是我，也可能只是想要在這個家族歷史上加回來，因為它早已被逐出去了。

不生不滅：破碎的孤獨，比昂（Bion）苦苦尋找著心經的心聲？

Slide 13　啞口無言，被毒啞但不瞎的歲月

Grostein：「……觸及我們的一切都是精神的，因爲我們對它的最初認識是通過感官器官進行的。感官器官卽大腦。所以它是一個外在的物體，在接觸時立卽被夢的作用編碼、加密。……我認爲應該將心靈視爲全息圖。許多不同的人格占據同一個空間。並且在停頓的分割下神祕地分開。因此：α功能——這是新的輸入在個人的情感前線上登陸的接待面試，這個新的刺激經過接待面試並準備進一步通過思維、通過定性化（α-β化）的過程。然而，如果有一種猶豫不決——它太危險，我無法應對，它太創傷性了——我會拒絕它，並將其稱爲『β元素』。」

Grostein：「但是，β元素並不知道它是一個β元素。這就是爲什麼它在個性周圍形成了一個β屏幕。我們將它送走，但它不想離開；它是我們的一部分。這是投射認同背後的一個因素之一。我們將它投射出去，但就像一個不想離開母親的孩子一樣。它總是想要回來。這種總是想要回到原點的趨勢被稱爲迫害性焦慮。它眞的想要回來……帶著毒藥。因爲它被驅逐出去了。在這方面有兩個角度，這與防禦機制的概念相關。可能有兩類防禦機制——正常的和病態的。正

常的防禦機制可以理解爲更高層次的區別和壓抑，相當於告訴自己的心靈：『我現在無法處理這個，因爲我太年輕、太害怕、太不成熟。你替我保存好，我答應在我足夠成熟時來贖回被壓抑的內容。』這是正常的。但是對於病態的防禦，就是出賣自己。破產。『我無法處理這個。我拒絕處理這個。我放棄成爲一個人的權利。我放棄所有的快樂。……放棄自己享受快樂的權利，放棄成爲一個人的權利，他們認爲這樣就能保護自己不必經歷生活。……』」（On Caesura and Reversible Perspective, James Grotstein MD and Willow Pearson MFT MT-BC, (2016).Fort Da,22(1):51-60）

Slide 14　不是我在negation之中說鬼故事

　　人之所以對啞口無言感到挫折痛苦，是因爲這已不是最早的問題，像是佛洛伊德說的從地獄底部被召喚上來的幽靈，啞口無言是嘴巴的失能，是語言的死期，是悲傷它難以爬起來翻身的墳墓，是一種害怕，恐懼，無能爲力，發現不同時的無能爲力，對嬰兒全能的威脅。然後就被我I所驅逐出去，Not I. 可能可以視爲一種negation的早期型態。佛洛伊

德說negation的成就是，讓事物可以經過否定而有了活力，從潛意識翻身到意識上面來。

　　不是我，在negation之中，所以可以現形我所不能提及的故事。

Slide 15　憂鬱的聯想

　　佛洛伊德說憂鬱是主體之上覆蓋著失落客體的影子，而這影子的覆蓋在主體內形成了一個空洞，這個空洞所形成的空間，是不是為了還原早已被挪出的部分呢？憂鬱形成一種停滯現象，或許是需要有如休止符的停頓與等待作用，這有如死之本能的運作功能剪下已經生長在此的枝葉、清出還原的空間、等待生之本能的作用慢慢地形成組織：生之本能的連結（binding），促使過渡現象的產生，這來自嬰兒的全能感創造出對非我擁有（possession）的體驗（因外在客體的持續存在，使得內在客體持續存活，嬰兒的全能感能夠創造出對非我擁有的體驗），憂鬱於是發揮它的整合功能。

　　至此，使用不是我的故事，在某些前提下，在憂鬱空間、休止符的剪去與等待、生之本能的連結、嬰兒全能感之中，對我起了作用，它是史芬克斯的謎題與挑釁，與此同

時，也是伊底帕斯王可以繼位的階梯。

Slide 16　回到人間會聽到的故事

對於我的一種支解，懷疑，重組不能，變形的需要與察覺。

A說，害怕與自己相處，自己的需要（被人所喜愛）像是在作賤自己，自己要去討好他人，痛苦浮上來的處理方式仍是痛苦的。

B說，把自殘的地方改成刺青，刺一隻會唱歌的飛鳥，那是我，或是如她所說，把東西變得不同，來幫助某種存在的感覺過下去。

C說，我覺得我的頭害我這麼痛苦，我想懲罰自己，打它。頭是成為自己的一部分，卻背叛了自己，所以可以懲罰它，這是甚麼用意？

背叛，說著某種與分離有關的故事，跟擁有（possession）有關的忌羨、痛苦、心碎、憤怒、悲傷與喜悅。

不生不滅：破碎的孤獨，比昂（Bion）苦苦尋找著心經的心聲？

Slide 17　用bion的謎題做一個結束與開始

　　閱讀Bion他延伸的說法：「……回到精神分析的觀點：談論『移情』和『反移情』是非常有用的。或者像溫尼科特所說的，過渡性客體；它正在過渡，從不知道的地方到不知道的什麼地方，從遺忘到健忘之間的微小部分可以用『移情關係』和『反移情』來填補，但我認為這將必須用其他方式來填補。因為這些小包裹的關係不能輕易地確定，你可能能夠看到一個想法在一個群體中曲折前行。我不知道這個想法從哪裡來，也不知道它去哪裡，但它可能在移動中被觀察到。這就是你回到分析實踐和群體觀察實踐的地方。」

參考資料：

- 網路資訊：萨缪尔·贝克特《不是我》（Not I）2014年9月30日 16:06
- https://weibo.com/p/1001603760533080810355?pids=Pl_Official_CardMixFeed__5&feed_filter=2

- D. Winnicott F.R.C.P. (1971).(17):1-25. Transitional Objects and Transitional Phenomena.
- Freud, S. (1925) Negation. International Journal of Psychoanalysis

6:367-371

· On Caesura and Reversible Perspective, James Grotstein MD and Willow Pearson MFT MT-BC, (2016).Fort Da,22(1):51-60.

· Thomas Ogden(2009). Psychoanal. Q., (78)(2):343-367 Kafka, Borges, and the Creation of Consciousness, Part I: Kafka—Dark Ironies of the "Gift" of Consciousness, Thomas Ogden.

· Bion, Taistock Seminar, 1976. 6. 28.

· James Grotstein and Willow Pearson(2016), On Caesura and Reversible Perspective, Fort Da,22(1):51-60.

劉又銘

精神科專科醫師
台中佑芯身心診所負責人
臺灣分析治療學會發起創會會員
臺灣精神分析學會推薦精神分析取向心理治療師
精神分析臺中慢讀學校講師
聯絡方式：alancecil.tw@yahoo.com.tw

與談人：彭惠怡

　　在想著我要怎麼開始今天的報告時，我發現我有一個強烈的念頭，我希望大家是可以看見我的面容的，不是文字稿，也不是只有口，而是我的完整的臉。《NOT I》有股強烈的張力，讓人會想要堅持著什麼……

先從那張嘴開始

　　《NOT I》這部劇中，刻意的鮮紅的口與潔白的牙齒，看起來賞心悅目，讓我想到瑪麗蓮夢露的影像。當全神貫注看著的時候，很自然地會被接下來的聲音與舞台的刺激給衝擊了心中的感受。

　　一行禪師在他的著作中提到關於「相即」的概念，指的是「沒有任何事物可以獨立存在著，一切都與其他事物相互依存。假設我們帶著正念與專注深觀著一朵玫瑰花，很快的我們就會看到玫瑰是由非玫瑰的元素組成。我們看著玫瑰會看到什麼？看到雲朵、雨水、陽光、土壤、礦物及園丁。如果移除這些非玫瑰的元素，就不會有玫瑰了。玫瑰無法獨自存在」。（一行禪師，2015）

當我們可以在日常生活中看到所有事物的相互影響，如此就不會執著於小我之中。類似的部分還有一個關於「無我」的概念，「在禪修中，幫助我們看到萬物的相互連結與依他性。無論是人類或是其他生物的世界，沒有哪一種現象可以獨立出現並持久存在的。此依賴彼。這是對相卽地洞察，也就是無我，沒有恆常獨立的實體，包括我們自己；我們相互依存」。（一行禪師，2015）。前面惠美提到的疑問也讓我想到，所謂的無並不是沒有，而是有他，這種有我也有他的狀態，似乎就是無我，也是一種共存。

在看著《NOT I》這部劇時，耳朵聽到的聲音跟眼睛看到的嘴型變動，雖然你知道，那是嘴。但卻會有一種感受-這似乎不是嘴的感覺。你的心會不自覺地把那些沒有的部分補起來，想像他的表情、眼神，隨著聽到的語言，再想像他的肢體動作，然後連接所接受到的內容，感受他所描述的那些悲傷、痛苦、憤怒和孤獨。當感受大到承受不了的時候，忽然間開始想，這好像是一個要把什麼給吞噬的蟲，飢餓的想吞下所有的一切，然後會開始想著，他碰不到我吧？我應該是安全的？這只是一部劇。然後就會再發現，恩，他是一張嘴！他在說著那些不是他的他的經驗，而，這只是一部劇。

而那些不是我的經驗中，不是我，那，是誰呢？在治

療工作中，有些人說自己；有些人來做治療，卻總是說著別人。而身為治療師，要在投射、被投射、認同與被認同之間穿梭，他在說的是誰？他在說的是什麼？日常生活中，在溝通與傳達之間，也有些人喜歡隱藏自己，說那是誰說的？總之，都是別人不是我，但我們都知道，不管別人有沒有說，而你也有份。那些躲藏起來的，沒有人逃脫的了，有趣的是，大多數人並不喜歡露出真面目。

嘴巴屬於生命中所有句子的啞口無言

　　Bion在演講中舉了一個來治療的小男孩的例子，男孩在治療室中畫著圖，而治療師一開始說著一些話，然後男孩繼續畫著圖，於是治療師偶爾畫一些線條，偶爾說一些話。在話與畫之間，他們開始了交流……治療中我們期待著可以有清晰的語言交流，但是，不說話的個案就代表著他們不交流嗎？說不停的個案，與一字不說的個案他們就不交流嗎？或許清晰的語言交流是放在對於治療師的期待之上。根據柏拉圖《對話》述說，蘇格拉底是一位助產士，他只是幫助人們產出他的想法。

　　交流與溝通的困惑常常出現在這邊。如果我們有話要

說，我們需要找到願意聆聽我們說話的人；如果你擅長繪畫，就必須有人看你的作品，但我們都知道，大部分的人並不願意。多數的人會在畫廊中漫無目的地走過，對其中的內容一無所知。這個例子是荒謬的，但是這問題本身並不荒謬。作為一名治療師，我們希望可以盡可能清晰的表達自己，這樣個案就不用花太多時間來理解我到底在說什麼，在這種狀況之下，表達的準確性可能成為極度具有挑戰性的要素。而小男孩最終必須找到有人願意看他的畫作，治療師可以選擇的是繼續堅持用語言的方式溝通，這很容易看起來像是試圖維護口語溝通的優越性。或者是試著理解那些說不停、說不出的個案們，在各種感官接受以後，再用可能的方式回應、創造回應來試著溝通。

在《NOT I》劇中有某些片段，突然慢下來的那個時刻，嘴巴好像意識到什麼？啊！是我嗎？我說的是自己嗎？這會不會是一個啞口無言的時刻？但我不想要感受到，不想要想到些什麼？於是否認之後我又繼續快速地說下去？我想到的是相對於啞口無言，孩子般的十萬個為什麼的那種狀態，充滿著未知與開放，不斷渴求得到不同的刺激與碰撞，而人在經歷過那些以後，會變得啞口無言呢？當試著去傾聽以後，那些啞口無言多的是日子中的酸甜苦辣。

我想到前陣子有位因焦慮所苦的熟齡女子，在治療中不斷地提及聲音如何地引發焦慮，特別是在多年前的手術後，自己對於聲音的敏感顯得更難忍受……治療中幾乎有問必答的她，卻始終堅持是因為無法忍受聲音的吵雜所以才引發了焦慮。我想我們共同經驗到了些什麼，但是當她堅持覺得那不是她的時候，我想，啞口無言的就變成我們了，她，並不希望我們繼續說下去。再回來看到《NOT I》劇中那張滔滔不絕的口，相較於啞口無言，是不是多了一些希望呢？雖然厭惡與煩躁，但是她還沒有放棄的繼續說著呢！

無智亦無得

　　心經中「無智亦無得，以無所得故」，指的是說「因為有無知無明的存在，才會有智慧或知識的存在，來求開悟。當無明消失了，智慧也就消失了。若沒有病痛就不需要吃藥。只要追求的是佛性，就無法得到或失去，因為佛性就是我們的本性」。（柳道成法師，2015）。在韓國的高峰禪師說：「事實上，無來也無去，無智亦無明。要開示必須要有所言，比如說，要救一個溺水的人，你必須下水，跟著把自己弄濕一樣。」

而提婆大師也提到：「可以看到的是知識，被看到的是獲得。因為苦與樂都遺忘了，能知心就不升起。這叫做無所得，是圓滿的。」就像若石頭打狗，狗就追石頭；若石頭打獅子，而獅子去追丟石頭的人。一旦我們領悟了眞相，痛苦就會止息。

有些時候個案的痛苦在這，他把痛苦帶來，告訴我們他很痛，我們會看著這些痛，去想去感覺。如果工作中只有使用熟悉的理論或是多完美的詮釋，那就好像掉進那個痛苦的胡同裡面去。而感受到彼此依存的能力，讓我們看到那些畫，那些話，那張嘴，那些所有連結的事物，開闊了想法以後，似乎讓一切的互動又再度連結，其中有你有我，誰也沒有失去什麼。先放掉智跟得，就像放掉對跟像一樣，那張嘴，或許可以說著，也有人聽了。

參考文獻：

1. 一行禪師（2015）。跟一行禪師過日常：怎麼吃。大塊文化。
2. 一行禪師（2015）。跟一行禪師過日常：怎麼專注。大塊文化。
3. 柳道成法師（2015）。穿透心經：原來，你以為的只是

不生不滅：破碎的孤獨，比昂（Bion）苦苦尋找著心經的心聲？

假象。橡樹林文化。

4. Bion, W. R. (2005). The Tavistock Seminars. London: Karnac.

彭惠怡

諮商心理師
精神分析取向心理治療師
伴行心理治療所兼任心理師
聖功醫院兼任心理師
臺灣精神分析學會會員

究竟涅槃：不是我，嘴巴屬於臉埋在野草中除了雲雀什麼都沒有

蔡榮裕

1. 先讓溫尼科特路過來說些話好了，「正如我們的起點，是從精神官能疾病，以及與本能生活相關的焦慮所涉及的自我防衛做為開始，我們傾向於從自我防衛的狀態來看待健康──當這些防衛方式不僵化時，我們說那就是更健康。但當我們到達這一點時，我們卻還沒有開始描述，除了有疾病或沒有疾病之外的，生活是什麼樣子。也就是說，我們仍還沒有解決生命是什麼的問題（what life is about）。」（Winnicott，文化經驗的所在）。

2. 我樂於依循溫尼科特這說法，做為精神分析的方向，生活是什麼？生命是什麼？雖然在宗教和哲學已有百年以上的觀點了，當心理學開始要在人性的論述市場上，有機會走得更深的話，溫尼科特這段話很有意義。不過生命和生活不會總是平順的，讓我們可以抵達佛教所描繪的境界，「究境涅槃」，或說是「成佛之道」。我先從臨床實境的

困頓說起，那是某個奇特環境裡，兩個人之間的難題無所不在，也是我們在一起[以文會友]交流想法的所在地。

3. 「導致分析師和分析者之間的合作，變得非常脆弱的因素有很多——可說這些因素是無止境的。我們只能希望，能夠對兩人之間創造合作的特定嘗試，及時發現構成威脅的任何因素。令我們感到欣慰的是，從某種程度上來說，分析並不是很重要；它只是暫時的事情和暫時的相聯繫。所以我們可能會談論『移情』和『反移情』；它被移情了，它正在路上，但真正的重點是，人們總是處於一種不舒服的關係中——彼此之間——可能是一群人，也可能是一個人——舒適或愉快的關係受到阻礙，常常會導致側支循環的建立。」（Bion, Tavistock Seminar, 1979.03.28）

4. 也許總是歸納於患者「有移情」，彷彿是永遠不敗的說法。但這種贏法真的有我們預期的那般收穫嗎？我不是說「移情」概念是有誤的，而是診療室裡的兩人關係，真的有「移情」這種單純的東西嗎？因這預設分析治療師是如鏡子般，意味著如果有「反移情」，和「移情」是可以分得清楚，這是實情嗎？或者它們是如同溫尼科特描繪的母

嬰關係，沒有嬰兒這件事，有的是嬰兒與母親，因此「沒有移情這件事，有的是移情與反移情。」雖然我們在詮釋移情時，更像是假設兩者是區分好了。

5. 在處理困難個案時，兩人之間潛在交流的「移情」和「反移情」，可能是如同液體或氣體的交流或交融，而這可能是治療者覺得處理後很疲累的原因之一，因為就是會陷進個案的創傷和困難的心智經驗裡，這不是如一般期待，可以事後容易分清楚，那些是來自「移情」？那些來自「反移情」？如果有人覺得有把握可以區分，我反而會覺得那會有更高的風險。因為「移情」和「反移情」都是潛意識層次的運作。

6. 比昂在巴西的一場研討會的說法，「反移情是一個技術術語，但這個技術用語經常會被磨損，變成一種失去價值的破舊硬幣。我們應該讓這些東西保持良好的工作狀態。關於反移情的理論是，它是分析師與個案之間的移情關係，但分析師並不知道自己有這種關係。你會聽到分析師說，『我不喜歡那個案，但我可以利用我的反移情』。他無法使用自己的反移情。他或許可以利用他不喜歡個案的事

不生不滅：破碎的孤獨，比昂（Bion）苦苦尋找著心經的心聲？

實，但這並不是反移情。只有一件事和反移情有關，那就是對其進行分析。我們無法在診療室裡利用自己的反移情；就這術語來說，這是一個自相矛盾的說法。以這種方式使用這個術語，意味著人們必須發明一個新術語，來完成過去由『反移情』一詞要完成的工作。這是一個人對個案的潛意識感受，由於它是潛意識的，所以我們無法對它做什麼。如果反移情在分析過程中正發揮作用，那麼被分析者就很不幸——而分析師就是如此。」（蔡榮裕譯，Bion, Brazilian Lectures, 1974 Rio de Janeiro）

7. 也許需要思索的是，轉而從「我們之間」怎麼來思索，而不是以為可以分清楚移情和反移情，以「你和我」這兩個獨立主詞，來想眼前正發生的事？而實情上容易變成以為都是移情的結果，讓分析治療師彷彿置身度外，以為自己是中立的態度，或已做到仍眾說紛紜的分析的態度了？

8. 尤其是在面對人性裡的原始成分，或比昂說的人格裡「精神病性的部分」，那是有著如比昂所描繪的「精神碎片」（mental debris）般的心智，是否在這種情境裡，目前的移情和反移情概念是不足的？它們是未知，而且是絞

在一起的，硬要分移情和反移情是有意義的經驗嗎？但是要以什麼詞來描述這種現象呢？是否只回到最基本的說法，那是有些「經驗」（experience）在流動著，而我們是要保持著，「從經驗裡來學習」（learning from experience）和認識眼前是怎麼回事嗎？

9. 這些課題是現有理論可以完全解決的嗎？當比昂說：「無論如何，我們不知道事實如何，也不知道什麼才是在正確軌道的調整。在我看來，這就是我們所做的工作如此緊迫，並且需要有現實傾向的原因之一。如果一群人聚集在一起，爭論克萊因理論或其他人的理論，那是無望感——這純粹是浪費時間，因為還有更重要的事情需要思考，甚至需要學會去思考。」（蔡榮裕譯，Bion, Tavistock Seminar, 1979.03.28）

10. 理論，如同一朵花從複雜環境裡，摘回來放在花瓶裡，原本我們是在個案複雜重複說的故事裡，聽出了某個重複的部分，例如常陷在三人的困局裡，因此我們把那些散置在不同故事裡的重複部分，如同在有花有草的環境裡，看見某種花，然後把它摘下來，要仔細研究它的模

不生不滅：破碎的孤獨，比昂（Bion）苦苦尋找著心經的心聲？

樣和結構。這是我們目前談論的「情結」被看出來的由來，而這是形成精神分析理論的基礎。

11. 如果說一百多年來我們是習慣了，可以一眼就看見某些「情結」的本領，那麼這對我們如溫尼科特所說的，人生是什麼的想法，會有什麼貢獻嗎？或者百年來，貢獻的質與量在消褪中，因為這些情結周邊的花花草草被忽略了，難道周邊的它們和人生是無關的嗎？而精神分析是強調「意在言外」的「外」，這使得理論被建構後還能看見「外」嗎？

12. 這也可能出現在，我們緊盯著「移情」的概念，但是比昂的「雙眼望眼鏡」所說的，一眼精神分析的理論，另一眼是之外其它的。那麼這些所謂「之外其它的」會是什麼呢？如果重複看著被大家確認過的，並將那定位就是精神分析，或者覺得能夠看見那些場景，才算是合格的精神分析思維的工作者時，那麼其它被忽略的人生場景，有著什麼心理意義呢？

13. 難道那些周邊場景，只是某個情結做核心的發散而已

嗎？這是風景的實情？或者在當初是以精神官能症的連結，做爲和情結的主要連線的焦點，但是從先前至今，我們以情結和精神官能症的連結，而有臨床效用的主張，但實情上談效用時是可能不如當年的預期，爲了要維持這個說法，那麼後續者在不同的情境裡，加進多少可能自己或圈內人覺得，不是核心技藝的做法和態度呢？

14. 這些如一朵被摘下來的花，它原本有著周邊情境的脈絡，其實大部分的心理工作者，是否早就花不少心思，在處理那些周邊脈絡的問題，並化成個人私密般的技巧或能力？而以督導者之姿被隱在不明說的能力裡？這些像是私人祕笈般的知識和能力，可能被化約而隱藏在，一般所說的「精神分析的態度」裡呢？

15. 也許這是比昂所以說，除了爭論已有的理論外，還有其它的事值得也需要被探索。而我的說法是，讓花「回到它原屬的脈絡」，相同名字的花可能來自山邊或者水邊，當它們在原處是有著不同的感受和聯想，除了是美學經驗，這些經驗所引發的情緒和情感，也都是心理學

或精神分析的範疇。因此「從經驗裡學習」的話，需要的是讓情結回到原本的地方，回到每個人的脈絡裡，也就是忍受著想要摘下它的衝動，這會是重要的能力，欣賞它們在原來脈絡裡的模樣。

16. 當我們把它摘下放在花瓶裡，如同把某種「情結」摘取下來，兩個人對著花和情結做些評論，欣賞它們的美麗與失敗。不過這仍是假設，我們所看見和認識的是完整的情結，如同一朵完整的花，例如像百合花般花瓣是一體的，只是從臨床經驗來看，那些生命早年飽經創傷者的經驗，是如比昂說的充滿著原始碎形的「精神碎片」的心理狀態，這是「部分客體」的經驗，不是「完整客體」如一朵完整的百合花，而是如櫻花落地的散置滿地。

17. 當患者不曾見過櫻花在樹上的經驗，有的只是散落地上不成形的櫻花瓣，就算分析治療者很有經驗，看著地上的櫻花瓣，就知那是屬於某種品名的櫻花，但是患者很難真的了解，因為光靠語言，我們如何說明可以真的讓患者認識櫻花，或某種吉野櫻呢？如同餐桌上一鍋飯，

和田裡飽穗的稻穀之間的距離。無法如此認識櫻花的患者，自然難以如我們預期的舉一反三般的，當他看見某地方有著滿樹櫻花時，就能知曉如同某種情結，出現在不同地方般知道問題所在。

18. 如貝克特的戲碼《不是我》裡，那位女性那是心碎和碎形的心理經驗，也就是她的經驗是零散不成形的，不是如一般說的三個「完整客體」間的競合關係，而是破碎的「部分客體」經驗，很難清楚命名那些是什麼經驗。

19. 在貝克特的《不是我》，所有的話，或不知是不是所有的，它們都在黑暗裡排著隊，更像是擠在一起，等待什麼時候，嘴巴開張的時候可以擠出來。不確定那是不是排隊，但有可能只是等待著說出去，只爲了活著而等待，或等待只是爲了證明還活著？但是活著有這麼重要嗎？大腦還沒想到這個問題，但它就是活著，有著很多的話像是活著時的排泄物，堆在嘴巴後方。甚至，根本說不清楚它們這些話，是以什麼姿勢在等待？說出來是爲了可以原諒誰嗎，或只是等待被原諒？怎麼想原諒，或被原諒呢？這是什麼意思呢？

不生不滅：破碎的孤獨，比昂（Bion）苦苦尋找著心經的心聲？

20. 在嘴裡，那是如霧般的仙境，或者只是一些腐敗想法，等待被吐出來到這個世界？如同她當年被出生後，她爸爸就不見了。「爸爸」是什麼意思呢，有誰知道嗎？奇怪，怎麼會有這個問題呢？怎麼會問有誰知道呢？這個疑問很奇特，怎麼會需要問誰呢？後來媽媽也不在了，從來不曾想過「爸爸」、「媽媽」的真正意思，也不曾有機會可以知道呢。這個「誰」很奇怪，它怎麼會突然跑出來，好像真的有個「誰」，以疑問詞的方式躲在什麼地方，但是舞台上有這個「誰」嗎？或只是那些話擠在一起，等待說出口時，它們之間碰撞出來的語詞，有誰可以問，有說到要原諒什麼嗎？

21. 這是什麼聲音啊，活著需要有「原諒」這個想法嗎？它是什麼，它和愛有關嗎，但愛又是什麼？它們都以聲音的形式跑了出來，卻是大腦不了解的話，大腦只能著急的想要了解，那些話是什麼意思？這是有趣的描繪，被說出來的話語，和人的了解為什麼如此脫勾了？好像兩個世界，但那些聲音就一直想說話，並不在意大腦是否有跟在旁邊，「自己」是否聽得懂那些話語的意涵？

22. 如果這些意象是如此接近，一位生命早年被拋棄但活下來的人，這部戲裡所呈現的，不只是劇本裡的話語，內容幾乎是貼著他們心中在獨白著，活著的心聲，只是如這部戲裡，以「不是我」做為這部戲的題目，更是貼切地說出了，那些被拋棄，不覺得「是自己」的心聲，如何孤單地活著自己的死寂？這些話語是被自己拋棄的，以「不是我」的心思被拋棄在外，但它們都自己長大了。不過還好的是，這部戲要呈現的，不是那些被拋棄後，回來要對他進行報復的戲碼，這是另一種戲碼，也是臨床常見的戲情之一。

23. 《不是我》這部戲裡，那些被拋棄的想法和欲望，以聲音的力式，每個聲音都急著要出場，要被聽見，這倒是臨床常見的情境。患者急切說著生命的故事，雖然聽的人可能有時會覺得，到底要表達什麼？如果只是要說出來，有人聽，那麼聽話的人需要什麼專業嗎？這是容易的事嗎？這時所謂的「只是要好好聽」，真的是件簡單的事嗎？

24. 我覺得不容易，這是比昂晚年談「未知」，談「O」，就

不生不滅：破碎的孤獨，比昂（Bion）苦苦尋找著心經的心聲？

是面對這種生命難題下，自然推衍出來的焦點和想法，這些想法都充分呈現在他的臨床討論，包括在Tavistock研討會裡的討論。比昂總是以他特有方式來回應，乍聽會覺得不知是那裡跑出來的聲音，但那不會是「不是我」的聲音，相反的，比昂會希望那就他自己的聲音，但是內容則是需要聽者再後續聯想才活起來，才能有所收獲。

25. 面對這些現象難題，分析治療者如何面對呢？需要什麼技法和態度呢？就態度來說，他對於「O」的相關述說，是他的苦口婆心，但不同意者聽來可能會覺得，大腦是無法充分了解比昂所說的那些話。除了內容之外，也有著「態度」在裡頭，而這種態度不是被拋棄的「不是我」，雖然覺得不懂的人會如同這部《不是我》戲裡的樣子，有著大腦無法理解的聲音。

26. 比昂說的那些意見，不是只要傳達他說的內容裡的意義，而是也有著要傳達某種態度。也許他會想站在精神分析的位置上說，那是一種「精神分析的態度」，雖然不同意者可能聽不懂而攻擊他的那些想法，而比昂後來

也遠走美國，變成是他拋棄了，那些他覺得聽不懂卻攻擊他想法的人？

27. 比昂要傳達的是，有種重要的態度，是面對困難處境，卻活了下來的人的心聲。在他的時代，是以精神分裂症者為對象的了解，那些患者說著他人難以了解的話語和心聲，雖然近來看待精神分裂的成因，不再只是從心理學的角度。但是比昂也從這些經驗裡，和貝克特的《不是我》有著異曲同工的說法。也就是那些聲音和大腦能理解的脫節了，也許一端有著如精神分裂的狀態。

28. 但是比昂意圖要說明的，還有著另一種可能性，那可能是以「直覺」來描繪，但我認為比昂所提的「直覺」，如果要以我們熟悉的語言系統來了解的話，我覺得佛教的語言，例如心經、金剛經等所指向的經驗是可以接近它，雖然也可以使用西方人的語彙系統說明，但如果能用我們文化脈絡裡的語彙來說明，來消化他的概念時，這樣才會讓他的精神分析，在我們的處境裡紮根深遠。雖然要先不急著，就將兩種不同語言系統的說法，太快等同起來，畢竟那是翻譯，而翻譯總是有它的侷限。

  不生不滅：破碎的孤獨，比昂（Bion）苦苦尋找著心經的心聲？

29. 「問：我想知道是否有一種精神分析的方法可以揭示眞相
（truth）。

比昂：沒有。精神分析只是一種技術工具，我們可以將
其用於任何我們想要的目的——包括使混亂變得更加混
亂，或者誤導或欺騙人們，等等。這完全取決於誰在使
用它。這座建築是供精神分析使用的，還是爲了建造這
座建築而運用了精神分析師？是否還有可用的空間，有
利於讓精神分析的努力還有追求的餘地？或者是它們並
不是這樣？其中最深遠的問題是，自稱尋找眞理的人是
否眞正的試圖達到眞理，或者是一個虛假的、人爲地代
表了追求眞理的人。這是一個很難回答的問題。如果你
覺得你可以依靠自己的判斷，那麼你也許能夠判斷某人
的繪畫或寫作，是否是眞正天才的作品。至於精神分析
的技術成就，這根本不會束縛你——你可以做你喜歡做
的事。任何概念如果它不可避免地就會讓你說出眞相或
發現眞相，那麼那些概念是純粹的垃圾。」（蔡榮裕
譯，Bion, Tavistock Seminar, 1979.03.28）

30. 這些想法下，我是覺得比昂談的「直覺」、「O」或
「transformation in O」，這些語彙可能是針對分析治

療者的態度出發。也就是可能並非是要那些嚴重且困難個案，可以直接從他的概念裡獲益，而是間接的，這些困難患者的轉型，需要分析治療者能夠體會他所提出來的這些概念。如果我們從佛教的語言系統出發，就涉及概念中的「境界」的主題了，要經過哪些專業訓練，才能becoming的過程抵達那些境界呢？

31. 我假設比昂的那些重要論點，是更針對分析治療師的設定，至於困難個案的未來是未知，因此在這些假設下，那些帶來改變的，不必然是一般想像的透過「詮釋」，而得到新知識，進而transformation in K。他假設「未知」是一路到底的，如果要觀察是否有改變，大致得是他主張的「transformation in O」的becoming過程。如果要加上佛教的論點來說明比昂的論點，那些人格特殊者的轉型是不易，但他提出的transformation in O，是個更好的可能性，以及等待改變的過程。

32. 以「究竟涅槃」來說，這是指未來的境界，或是人生每個此時此地的境界？雖然涅槃也有著死亡之意，尤其在肉身滅寂後，會說是涅槃，但也有著未來的境界。有著

不生不滅：破碎的孤獨，比昂（Bion）苦苦尋找著心經的心聲？

當刻經驗的生生死死裡，經驗人生是什麼？佛洛伊德也使用Nirvana這字彙，這是「涅槃」的意思，但他以自己的方式使用這詞？我先來說明，這詞在佛洛伊德的概念史的微調過程。說明這些涉及享樂原則和生死本能，生命體如何在潛意識世界裡運作？

33. 畢竟「涅槃」，依我們的理解也有著死亡之意，同時也有著新生，如果不想要流於表淺式的生生死死安慰之詞，而是回到我好奇的是，「究竟涅槃」這個有著死亡之時能夠達成的境界，但顯然我們日常使用時，不必然指肉身真正死亡時的境界。另我也很好奇，一些人合作或工作一陣子，如果內部有了不同聲音，或有人覺得團體的某些舉動和想法，可能會走向衰亡時，就會有提議「回到初心」，來做為重新整頓和想像的說詞。這個說詞引起再重新看自己的歷史和心思，至今仍是有效的語詞，也是涉及生生死死，因此我來一起比對想像。

34. 比昂過世於1979.11.08日。他在1968年（71歲）離開英國，旅居美國十一年後，回到英國後在1979.03.28於Tavistock Clinic研討會裡，他已是將死的人了，何以他

仍然炮火猛烈地說，「在我看來，這就是原因之一，為什麼我們所做的工作是緊迫的，並且需要有現實的傾向它。如果一群人聚在一起，只是在爭論克萊因理論或其他人的理論，那是沒有希望的——純粹是浪費時間，因為還有更重要的事情要考慮，甚至學習去思考的。」這是那場討論紀錄的尾聲，是他人生最後的研討會，也是在他醫學院畢業後，第一個工作地點Tavistock Clinic，那裡也是他開展精神分析相關訓練的起點。

35. 比昂的第二任分析師是克萊因，那是他和精神分析接觸的另個起點。但何以到了晚年，人生將盡的時候，說一群人聚在一起只是討論理論時，那是浪費時間，他特別指出克萊因的理論做舉例。

36. 不過，也許他想說的不是克萊因理論本身，而是針對討論的那些人吧，是他的同事們吧。那是他當初在七十一歲了，仍堅持和太太離開英國，搬到美國。他離開十一年後，回到Tavistock演講時，他覺得當年的同事們仍在做相同事情嗎？

不生不滅：破碎的孤獨，比昂（Bion）苦苦尋找著心經的心聲？

37. 重複談論一個人的理論是在深化它，或是強迫式的重複？有著克萊因理論裡的死亡況味，克萊因爲了不和佛洛伊德完全脫勾，雖然她是如法國分析師克里斯蒂娃（Kristeva）說的是個天才了，但她仍緊抓著佛洛伊德的死亡本能概念。但是當然不是原汁原味的概念，是有著克萊因新創的意義，在死亡本能的概念裡了。

38. 當初很多人很難接受死亡本能的概念，而克萊因不但勇敢的使用它，帶有新意的讓死亡本能，在她的理論活了起來。甚至可以說，在她的理論裡前後穿梭，好像不會累，不會死掉的死亡本能。也許比昂是一直警惕著他的老同事們，到底是持續新創死亡本能的活力，或是依著死亡本能的方向，走向理論的死亡？

39. 再回到Nirvana這詞。它是當時的分析師Barbara Low的建議，被佛洛伊德採納使用，起先是使用在說明「心智機器」（mental apparatus）的存在，而這個心智機器運作時，有它的潛在規則，這當然都是佛洛伊德在當年，發揮想像力想要建構的心理學，而Nirvana在那時是被用來描繪說明「愉悅／不愉悅原則」（pleasure/

unpleasure principle）。後來都以「愉悅原則」來代表，也是我們翻譯的「享樂原則」，也就是「愉悅／不愉悅」如何達成平衡的課題。

40. 後來，比昂引用佛洛伊德的《心智功能的兩種原則》（The Two Principles of Mental Functioning, 1911）（比昂很少在自己的文章直述引用他人的作品），有進一步探索和建構這些原則的作用方式。這些都是潛意識裡「初級過程」（primary process）的運作方式，不是依據現實意識的「次級原則」（secondary process）精算後的心理工作。

41. 佛洛伊德對於不愉悅的定義，是由於有興奮刺激時，例如包括性前戲或其它刺激，在潛意識世界來說，都是不愉悅的。因此他借用了物理學的「恆定原則」（Principle of Constancy）的概念，在有刺激後的不愉悅時，恆定原則會開始工作，透過各種方式，例如不自覺的使用白日夢或幻想等，讓不愉悅的刺激（但在意識上卻可能是愉快的）能夠消褪，而恢復原本的狀態。這是所謂享樂原則，這些概念在佛洛伊德的想法裡，並

不生不滅：破碎的孤獨，比昂（Bion）苦苦尋找著心經的心聲？

非一步到位而是慢慢增添而成。

42. 佛洛伊德主張夢的「嬰孩式期待的滿足」（infantile wish-fulfilling）的特徵，也就是後來人生的夢裡，都有著嬰孩式的滿足。這是什麼意思？意味著夢是帶來了滿足，而這種滿足是指嬰孩式的期待的刺激，是種潛在的興奮，也因此是潛在不愉快的起點，而經由心理工作形成夢的過程和結果，就是有著讓那不愉快，由這心理工作的過程，而有所降載宣洩，最後以夢的出現做為這些心理工作後的展現。因此是需要將形成夢的心理工作的過程，也考慮進來思索何以夢是「嬰孩式期待的滿足」的意涵？

43. 在有衝擊或不平衡的刺激後，大家就常以「回到初心」，做為再思索的說詞和理由，彷彿這是一個重要的動作，讓大家回到愉快原則嗎？

44. 進一步想像這個想法前，我先再說明一些佛洛伊德當年對於Nirvana這詞的運用方式。他在《本能及其衍生物》（Instincts and their Vicissitudes(1915)）

裡說明了，愉快和不愉快兩者之間一消一長的關係，而在《享樂原則之外》（Beyond the Pleasure Principle(1920)）裡，佛洛伊德再重組相互對峙的兩組本能的說法，他以愛洛斯（Ero）或生的本能（Life Instinct）來代表其中一組本能，而另一組是死亡本能（Death Instinct）。

45. 雖然照理論來說，生的本能所引起的能量增加，也是不愉快的死亡本能，所帶來讓身體逐日衰退，也帶來內在的緊張，而心智生活會傾向去減少和保持恆定，將那些內在刺激加以排除的原則，Barbara Low建議稱呼這個原則是「涅槃原則」（Nirvana principle）。

46. 心智的運作，自然是遠遠超過語言能設想的，佛洛伊德在《自虐的經濟問題》（The Economic Problem of Masochism(1924)）裡，再次重整了他採納Nirvana principle，來說明的心智運作的情況。起先他主張涅槃原則，是為了服務死亡本能，充當做為警示生之本能的需求。但佛洛伊德很快就說這可能不正確，因為實情是有些愉悅式的張力，例如性興奮，如果依原本的定義，

不生不滅：破碎的孤獨，比昂（Bion）苦苦尋找著心經的心聲？

有張力就表示不愉悅，依恆定原則就會需要有機制來降載。另也有在張力下的不愉快的放鬆，因此他依據臨床實情重整想法，覺得愉悅和不愉悅，不能只依靠刺激量，也需要看它們的質，但為了區分出不同的心理工作機制，他仍表示涅槃原則是有著死亡本能的傾向，而享樂原則是代表著力比多的需求。

47. 我的觀察是，這些說法運用在不同的人時，可能仍有著差異，畢竟心智運作是複雜的，雖然為了能夠出發探究，而會先以簡化的二分法出發。但我相信如果只依各種二分法做出發，例如生死、愛恨、好壞時，大都難以符合臨床所經歷的複雜性，使得有時反而變得扭曲，或忽略臨床的經驗和現象，來符合二分法的簡化說明。

48. 精神分析者最後的境界，是什麼嗎？和我們目前所知的精神分析有什麼差別嗎？比昂何以要提出這些，讓當代者也覺得很衝擊，甚至排斥的理念呢？如果我們相信他是嘗試要處理，他覺得精神分析在當時的侷限，需要新添他的想法和主張，那麼他到底是看見了什麼？經驗了什麼呢？這些是只來自診療室內的心理工作，或和診療

室外的情況也有牽連？

49. 「最後什麼都沒有」，是指向未來式，或那是生命原初
的狀態？佛教有「初心」，「回到初心」的說法，對精
神分析心理學來說，以愛恨為例，最初是什麼呢？回到
初心的說法，一般人可能不太容易說清楚那是什麼，卻
是深信著，或者不會違和感地相信它。我嘗試以愛恨這
兩種情感出發，來想像最後什麼都沒有了，和「回到初
心」，何以會廣泛且不違和地並存的概念？我不覺得是
大家不夠細心來區分，而是它們之間可能有一些線索相
互牽連著。

50. 「回到初心」的說法，如果是在某個團體裡的說法，有
著讓團體重新思索的意思，想的是未來如何做，但何以
說法上卻是以「回到初心」，來做為討論和探索的起
點？也許回到初心的說法，和引發的相關做法，是有著
溫尼科特對於psyche-soma裡，兩者之間的那橫槓聯結
的意思，就像讓團體成員可以再聯結一起。如果就個人
內在來說，有著不同聲音的自己，再回到更原初，要活
著和活下去的初心之意嗎？但仍不免會不斷的問，那是

指什麼？有著什麼內涵？

51. 「最後，在海明威的短篇小說集收錄的《一個乾淨明亮
的地方》，描述的是一個在咖啡店裡兩個服務生的簡短
對話。一位年輕的服務生就是在現實當中，下班時刻一
到就想要回家陪妻子陪小孩、休息睡覺。另一個年長的
服務生則定義自己除了工作之外，什麼都沒有，凌晨打
烊的他，則繼續前往酒吧，他心想『就算酒吧就是為了
這個時刻而設立的，你也沒辦法帶著尊嚴站在那裡。他
怕什麼？不是害怕，也不是畏懼，而是他再熟悉不過的
空無，世物皆空，人也不例外。需要的，不過是光，還
有某些程度的乾淨與秩序罷了。』（p.199）
對一個乾淨明亮的地方的想像，是因為，在那裡，總會
想像應該有一個媽媽。」（陳瑞君，自我療癒：性和生
死裡，發現不溝通的寂寞是什麼？出自《人形「空氣」
與人形「器皿」：自我療癒是獨門秘方或文化經驗所
在？》）

52. 其實我先想到的是，「在那裡，總會想像應該有詩。」
不只是一首詩，而是一群詩在空曠原野上。這個聯想跳

得有些遠，不過我卻莫名相信，既是這時的聯想，勢必有著什麼可以聯結得上。在後頭我會再來聯聯看，媽媽和詩先掛上一點點，牽的是如比昂所說的，那些belta元素就是一群詩在原野的風景般，等待思想者的來臨，不是把詩或這裡的媽媽，如花般摘下來帶回家，插在花瓶上，而是讓它留在原來的脈絡裡。我們只要不斷的回來探望它，如同一般說的初心，是否有著類似的它們，如同是那原野曠地裡同村的人，都有著被懷念成鄉愁的嬰孩般期待？如佛洛伊德的夢裡，那原始的infantile wishes，或者那裡的「媽媽」有著史詩般的搖籃。

53.「這裡入夜之後人腳與鷹爪
　　同棲於高大血汙的
　　獸穴，並且在清晨
　　以雷電的步履行走於精純的霧上，
　　並且碰觸土地與石頭
　　直到它們在夜裡，在死亡裡認出他們。」
　　（聶魯達，馬祖匹祖高地，陳黎／張芬齡　譯）

54.「直到它們在夜裡，在死亡裡認出他們。」認出他們的

  不生不滅：破碎的孤獨，比昂（Bion）苦苦尋找著心經的心聲？

什麼呢？我們借用佛教的語言「究竟涅槃」，但是我們仍以自己的話語和想像，在拼湊對它的想像，如同溫尼科特或比昂，看著眼前的患者，如看著泰戈爾的詩《海邊》描繪的，在沙灘上有小孩在玩，也許我想說的是，最後人們在某條河岸旁散步，或另一種玩，那裡有著「究竟涅槃」的空無。

55. 「精神分析師已經正確地強調了，本能體驗和對挫折的反應的重要性，但他們卻未能以相當清晰或確信的方式，闡明這些被稱為『遊戲』（playing）的非高潮式體驗的巨大強度。」（溫尼科特，文化經驗的所在。）

56. 不全然知道海明威所說的，「不是害怕，也不是畏懼，而是他再熟悉不過的空無，世物皆空，人也不例外。」這是什麼樣的空無？但那不是害怕，也不是畏懼，所以要表意的不是一般所說的，那種難以接受的失去而引發的空，不是有著難以接受的失落，這讓海明威如神來之筆般的說，「需要的，不過是光，還有某些程度的乾淨與秩序罷了。」讓他所提到空無和空，轉個身就明亮了起來，而陳瑞君聯想的「在那裡，總會想像應該有一個

媽媽。」這裡所提到的「媽媽」是指什麼呢？我們一般說的愛嗎？或是混合著不是成人可以說清楚的情感？

57. 但只能勉強使用成人語彙的愛恨都有的感受，如同大地讓人茁壯，但風雨也可能無情嗎？引文裡的聯想，再次將哲思與美學，轉折進到心理的光芒裡，雖然什麼是媽媽，或者那更是大地呢？這些想像是我想探索的，好奇走到「究竟涅槃」的什麼，都沒有了，有多少人生的可能性？或走到那裡之前，我們有多少的想像和了解它，究竟如何影響我們生活以及心理工作呢？尤其是如果依著溫尼科特的觀點，他對於只是讓精神官症減少而更健康，這不是他的心理工作最在意的事，他更在意的是，不論是否有心理疾病，人到底如何過活？

58. 進一步說明人到底如何過活的圖相，我將引用溫尼科特和比昂的說法，擴充這想法的基地，但我先談詩人聶魯達的描繪，他的國土家鄉的詩的起頭，馬祖匹祖高地：
「從風到風，像一張虛空的網
我穿過街道與大氣，來了又去
跟著秋天的君臨葉子們四處流傳的

  不生不滅：破碎的孤獨，比昂（Bion）苦苦尋找著心經的心聲？

新幣，以及在春天與玉蜀黍間，
裝在一隻下降的手套，那最偉大的愛——
像被拉長的月亮——所遞送給我們的。」
（陳黎／張芬齡　譯）

59. 聶魯達描繪的，祖國的愛和大地是如此密切聯結，這裡
的愛是有大地脈絡的，不論有情無情都有著愛，這是聶
魯達以詩人之眼所做的觀察。也許如同溫尼科特觀察，
母親和嬰孩之間的世界時，說著嬰孩曾有段時間是有著
ruthless love（粗魯的愛或無情的愛），而這是我們最
後回歸的地帶嗎？這是初心之地嗎？後來群體合作出了
狀況，一般說的「回到初心」來討論，或許是這時就是
走到初心了，只是時間是一直前走，讓大家以爲「回到
初心」是要停下來回頭看？是否更是停下來看著當刻，
這當刻可能就是走到初心？或它一直在，但過程中由於
大都注意著其它工作的目標，讓我們不會看見旁邊的繁
花雜草，而忽略了初心一直默默跟著走，直到大家有些
狀況了，才發覺它在旁邊？這是什麼意思呢？我再回到
溫尼科特所談的生活或生命。

60.「正如我們的起點，是從精神官能疾病，以及與本能生活相關的焦慮所涉及的自我防衛做為開始，我們傾向於從自我防衛的狀態來看待健康——當這些防衛方式不僵化時，我們說那就是更健康。但當我們到達這一點時，我們卻還沒有開始描述，除了有疾病或沒有疾病之外的，生活是什麼樣子。也就是說，我們仍還沒有解決生命是什麼的問題（what life is about）。」（文化經驗的所在）

61.「生命是什麼」的課題變成焦點時，我們要再談本文的主題才會接得上，畢竟在這裡，精神分析的視野不再只是精神官能症狀的解決而已。不過除了感謝溫尼科特將精神分析和心理工作拉到生命和生活的視野，尤其是再加上比昂的視野，讓我們可以在精神分析的領域裡，設定這次活動的主題，以及這八場的內容是可以討論和想像，而不必過於擔心會被批評太接近宗教，那不是精神分析之類的說法。

62.這是有著類似的視野的說法，「我們的工作在做什麼？我們試圖想讓某種什麼顯現出來？我們希望最終的結果

  不生不滅：破碎的孤獨，比昂（Bion）苦苦尋找著心經的心聲？

是成爲一個能夠使用自己生命（life）的人。」（Bion, 1987, p.41《*Clinical Seminars*》）

63. 《Reading Bion》的作者Rudi Vermote說，「Bion反覆強調，精神分析的目標是釋放心靈（set the psyche free）讓性格（character）得以誕生；幫助別人成爲他自己，不管會是什麼；去處理自己的生活。但這當然永遠不會有結束的一天，而是一個生成（becoming）的過程。」（p.205）

64. Bion在多年的分析工作後，晚年的他說，「在精神分析的情境裡，掩埋著大量的官能症、精神病等的某個地方，在那裡有一個掙扎著要出生的人……。這似乎並不是異想天開，就如同米開朗基羅、達文西、畢加索、莎士比亞和其他人已經能夠解放這大量素材，提醒我們現實生活的實際形式。精神分析者也在從事一種類似的工作——試圖幫助孩子找到潛伏在那裡的成年人，並表明這個成年人仍然是一個孩子。這兩者可能會很好地結合在一起，不僅是爲了使它們難以區分，而是以某種創造性或有益的方式結合。這位病人可能是一位母親，雖然

這一切都被掩蓋了。（Bion, *Clinical Seminars* 1987: 41）

65. 那麼我們如何想像劇本《不是我》裡的那張嘴，想要吐露出來的是什麼呢？貝克特很神奇，有創意的以嘴巴這個身體的部分，來代表心意，重複流露的卻是「不是我」，可以簡化的說，嘴巴只是身體的一部分，只是「部分客體」，自然無法代表整個身體和完整的自己，也就是客體關係理論說的「完整客體」。不過我對於所謂「完整客體」是什麼，覺得需要更多的想像和描繪，它的內容真的有那麼完整嗎？

66. 如果引用身體的模式來想像「心智機器」的內涵，很多部分特質或部分客體，是有著如身體裡不同組織、不同器官等，它們依著某些相互聯結而建構出「身體」，只是我們對於「部分客體」的內涵，和它們之間如何相互聯結，在理論的想像和建構，至今其實仍有限。我們常用的「消化」這詞，可以說明這現象，嘴巴可以說是消化器官的前端，食物在嘴巴就有很多分泌物開始進行消化的流程了，讓口水不再只是口水，它不是無謂和無用的噴口水，而是它就是開始消化的環節的起點了。

  不生不滅：破碎的孤獨，比昂（Bion）苦苦尋找著心經的心聲？

67. 那麼，當我們使用「消化」做爲複雜的思緒過程，來整合出某些結論的過程，尤其是克萊因和她的學生們，常在文章裡提及「消化」這字眼，因爲它早就是我們日常語言裡一個重要的字眼。

68. 我們後來說的當年的自己，那是自己嗎？那是什麼樣的自己？不過的確在臨床上是不少見的，如溫尼科特所嘗試描繪的，有些人終其一生，由於孩童期環境經驗的緣故，可能後來的人生都覺得，不是過著自己想要的日子，都只是爲了別人而活，或者根本不是自己在過日子，是這種「不是我」。那麼「不是我」時，他或她是什麼呢？

69. 對當事者來說，這是一個難題，也許我們以古典的說法，那是不好的自己，是自己不想要的都被投射丟出去，只是就實情來說，眞有可能丟出去嗎？雖然臨床上更常見的是，某人在創傷情境下長大，照顧者是他們所不喜歡的人，因此他們會描述自己不喜歡對方的某些行爲和反應，只是聽他們說的人卻可以輕易感受得到，他們所不喜歡的人的某些行爲和特質，卻同時存在他們自

己身上。

70. 由於可能事件不同，或當事者覺得自己出發的態度不同，因此不易察覺這現象所反映的，有眾多的「不是我」，在他們所不喜歡的人身上被看見了，但那些也有留在自己身上。這讓我們想像貝克特這部戲《不是我》，所呈現的幽默和反諷的一面，雖也可能有著控訴的一面。

71. 雖然「不是我」的原因和情況，可能有著多樣性的內涵，何以過了一生後，後來仍會覺得有些部分「不是我」？而那些部分在先前被如何對待呢？是以隱隱的自己，明明的自己，或一直都不覺得「是我」身分存在著？不論那一種可能性，當事者是如何讓這些「不是我」，和自己一直處於這種關係呢？它們之間的關係也是多樣多變的人生過程，而「不是我」可能只是後來人生某階段後的反應和感受，或是如假設的它們「不是我」，卻是一直和那些自覺「是我」的部分，是如鄰居或朋友親人般處在一起？如果有些微型衝突，可能很快就在心智裡解決了？

72. 當然也可能看見，有些人從人生的起點，就一直處於這種狀態，以各種型式的矛盾存在，問題大都是和他人的矛盾，但不可否認的是，先前能夠相處在一起，並在人生的險阻裡可以一起活下來，勢必得再思索那些時候的「不是我」和「是我」之間，到底有著多少在一起卻不至於到翻臉的方式呢？

73. 如何解釋這種日常現象，那些自己不想要的部分，是以什麼方式存在呢？如果依著溫尼科特強調的，處理的主題不再是官能症的去除，而是在於個案的生活是如何過的。我想進一步問的是，那些被投射出來或一直留著的「不是我」，它們是如何過日子？如何在我們不自覺的情境下，過著自己的日子呢？

74. 一如我們可能不了解遠方國度的人，是如何過著每一天，它們的發展特性是什麼呢？雖然目前可能被當做是未來會帶來問題的破壞分子，但它們是如何存在呢？有著什麼特性呢？依循什麼規律而在一起呢？這個課題其實是擴展了什麼是潛意識的重要方向。畢竟精神分析發展了一百多年，但對於這些被當做是「問題分子」的特

色，只依目前的理論來了解是有限的，遠遠無法幫我們認識它們。

75. 雖然對於「問題」，是否只在於如何排除它們，而不是好好認識它們？在處理困難個案的情況，更得重新想像，我們的工作是什麼？我相信在酒藥癮者，或者其它特殊人格者的治療過程，更能給我們新想像和觀察的個案群？包括那些所謂「非志願」者在會談的過程裡，能給我們的新經驗和想像，以及對於那些所謂壞的部分的了解和體會，是很重要的個案經驗，而不是只以那「不是我」的態度，主張那不是傳統認定可以分析或治療的個案群。當年佛洛伊德說，精神病者因自戀而無法有移情因此無法被分析，但克萊因的學生們卻從分析精神分裂症者出發，對於精神分析理論的貢獻很大。

76. 可以先找找個什麼，做爲著手的起點，來探索那「初心」裡的內涵。例如以愛恨做爲起點，試想在精神分析史裡，大致被認爲是回頭談論和想像，生命早年的經驗做爲分析的素材，雖然不同分析治療者會有不同的比重，例如夢的分析，就可能涉及過去、現在和未來的內

  不生不滅：破碎的孤獨，比昂（Bion）苦苦尋找著心經的心聲？

容，至於回到從前，其實早在佛洛伊德發明精神分析之前，催眠術的宣洩（hypnotic carthasis）就有著回到生命早年的記憶。

77. 緣起論或進化論（evolution），比昂後來常用進化論的演變之意吧，這涉及了眾多因子，我們談論內在世界時，如何想像有著那些因子左右著，心理工作時涉及的個人、社會、文化、歷史、自然等。

78. 何以那是「不是我」呢？貝克特在戲劇《不是我》裡，以一張嘴巴做主角，也許有著對人生的嘲諷或者幽默，是什麼在決定著，最後一口氣的內涵？這需要來設想，如果「回到初心」的「初心」的內涵，也許是「原風景」或「元風景」的想像，那裡是詩意的啟發地，我說是「詩意」，是取它就算被說了，它仍是需要他人加工聯想，才得以構成某種溝通，或說是詩意的溝通。

79. 如果它有著愛恨，我不傾向如克萊因假設的，乳房的好壞或愛恨做為主角，是唯一的主角，因我假設那時是有著，人後來所有情感的起點，如混沌，或如溫尼科特相

信的，有著創意卻只有自己，但也不知有自己的狀態。這是活生生的生活經驗，或如比昂所想像的，belta元素在那領域裡的活動，其實是生動活潑，只是不全然和活下去所需的現實相符合，而變得好像是「原始的」領域。

80. 我不是要浪漫化，對於現今原始部落的美好想像，但這是否和一般所說的「回到初心」，可能是不同的概念？雖然那些概念如果有內涵的話，它們之間可能有所交流，這種交流如同當今對腦部研究愈多，愈難只以領域方式來定位某些功能，而是眾多複雜的神經元，透過更複雜的突觸中間地帶，發揮交錯的細緻功能。這些突觸並非只是空空的地帶，它們是如不同的車站，有著自己的風格和特性。

81. 想像這些，不是能找出什麼答案，而是把這些思緒的過程展現出來，也想藉此來說明，談這個話題對於臨床工作的意義是什麼？涉及精神分析的技術，或更涉及的是「精神分析的態度」是什麼？

  不生不滅：破碎的孤獨，比昂（Bion）苦苦尋找著心經的心聲？

82. 所謂技術課題，涉及當個案談論他和他人的困擾，或者要把自己鎖進「愛自己」就夠了的論述裡時，我們會採取什麼立場，什麼態度？也包括這時候，我們如何聽，如何猜想這時的內在心智是什麼，和現實之間有多少落差？那些落差是需要說明處理的嗎？或覺得如同混沌般的感受，它是有著什麼內涵嗎？

83. 走到最後或有衝突時，就會提出來要「回到初心」來想，大家是要做什麼，經過了一些路途了，是否要再想想當初的目的？但是這些當初的目的，只是條列的內容，或者曾口頭說出來的目標，或者當時也有著某些言外之意的交流？那是未明說，也不知是什麼，但可能一直存在的最初。

84. 我是好奇以目前這種聯想的方式來想像和討論，比昂晚期走向「O」和提出Caesura的想法，可能是什麼？這是我在此刻依著自己的經驗要做的猜想，他當時何以會走向這方向，而這和他起初提出的表格（Grid）般的希望，如座標般的標出內心世界的路標，但晚期的未知（unknown）的宣告，才是最初的心嗎？

85. 未知是什麼呢？是最後的究境？或是標題說的「究竟涅槃」嗎？但是如果是未知，它的實情和內涵，是最後一無所有的真實嗎？

86. 這些態度都是時時刻刻影響著，我們目前做出某種詮釋，或說出某種建議，或者暗示時，這些好像是在後舞台的「態度」的課題，是時時決定和左右著，我們對於個案的反應會採取什麼回應？因為我覺得，臨床過程的千變萬化，不太可能只是由技術指引，來做為過程的處理方式。比較接近的是，有些基本技術，例如如何詮釋，但是只要想到何時做詮釋，這個時間問題就不可能有個指導手冊來列清楚，也許這也是精神分析取向者最忌諱的，雖然當年比昂的表格（grid）是有部分這種傾向。

87. 我覺得從臨床的實作過程來觀察，大部分的時候我們是受著意識上的知識，和對現實的判斷之外，有著我們不自覺，而被歸類在「精神分析的態度」的影響，但那是什麼呢？只是精神分析理論談過的，才會成為「態度」的內容嗎？或者更貼近心理工作現場實境的是，比昂所

  不生不滅：破碎的孤獨，比昂（Bion）苦苦尋找著心經的心聲？

說的未知的,也就是連精神分析的語彙,和對於心理工作者的指示用語,都還未能說清楚的內容?

88. 關於「未知」,依著比昂的「精神碎片」來比喻,心智發展裡必然存在的成分,那些精神碎片是以「是我」或「不是我」的方式活著呢?當覺得最後「一無所有」是指什麼呢?是指失去所有的了?不過如果我們細想這種感受,它實質上可能是指,原本很在意(意識和潛意識)的什麼失去了,而且覺得一去不復返,不可能再得到了。只是這樣嗎?如果再細緻區分的話,這種感受可能讓我們更寬廣的視野來想像。

89. 例如,終將一無所有,是屬於電影《我倆沒有明天》末日逃亡般,掙扎地活著的方式?或是屬於佛教「無常」的人生觀呢?畢竟「無常」指涉的也是最後一無所有,再回歸塵土。《我倆沒有明天》的方式,是掙扎在人生被邊緣化的無奈,反抗式的,不安的,而不是如「無常」所要表達的,平靜的接受態度。但我相信,在人的一生裡,會經歷的大致是從《我倆沒有明天》式的,到「無常」之間的長路。但兩者是路兩端嗎?或另有其它

的空間模式呢？

90. 更需要想像和體會的是，比昂談論的「O」的概念接近佛教的「無常觀」？比昂的個案基礎是精神病患者的經驗，雖然他在美國的十一年期間，應是接受了大量的精神分析學習者，這些學習者大致會是高功能者居多，和先前他分析的精神病患者，在能力尤其是抽象了解的能力是有很大落差。因而我的解讀方式是，他在和那些精神病患者的分析經驗裡，的確會是更處於無知的狀態，以及現實原則難以了解的工作狀態。依他的理論，這些患者的心理狀態大致是，充滿著「精神碎片」仍活躍的狀態，比喻上像是這些「精神碎片」仍充滿著原始活力（或是充滿著id以享樂原則做驅動的活力）。但那是自我（ego）難以掌握和理解的活力，因而表面上可能是不安的狀態。

91. 比昂晚年在美國和精神分析學習者的心理工作，如果要說精神病的部分，大致可能是如他在《人格裡的精神病式或非精神病式的部分》裡，有著大致是「非精神病式的部分」占優勢，而少量的「精神病式的部分」，因而

不生不滅：破碎的孤獨，比昂（Bion）苦苦尋找著心經的心聲？

和這些被分析者的「精神病式的人格成分」進行心理工作，與先前以精神分裂症者的分析，在精神病特質的量和質上，理應都有著不同特性。

92. 我是假設，比昂所談論的「O」，以及「transofrmation in O」的概念，是針對精神分析的學習者，如同他在系列臨床討論會（Clinical Seminars）裡所展現的討論方式，大致是針對精神分析的學習者，尤其是他們面對困難的未知和無知個案時，所需要的態度。這是屬於「精神分析的態度」的建構，至於如果針對一般人，如何在「無常」裡可以平靜以對和接納，這是屬於一般人的「修行的態度」來形容嗎？最後的一無所有就是接受，是指什麼，要接受什麼呢？如何讓人走到最後時，能在之前就可以理解或理會，那是什麼嗎？

93. 費倫齊（Ferenczi）在Confusion of Tongues Between Adults and the Child-The Language of Tenderness and of Passion裡，是以「母親的舌頭（母語）」（mother tonuge）陳述有真實創傷的經驗？雖然佛洛伊德放棄「誘惑理論」後，轉進到內在世界，他們會想

要「回到初心」嗎？或者那是「回到一切創傷都未發生之前」的時候？那時候的語言是什麼呢？

94. 如果以破碎的愛和破碎的恨，做爲討論「精神碎片」的內涵時，的確面臨著難題，所謂「回到初心」是回到那些破碎嗎？如果說是，那麼何以談論時，大家不覺得是破碎感，或是相反的，是有感受到合作的團體，已經有著某些偏離或破碎了，不再如先前那般，因而「回到初心」，意指的就只是回到眼前的破碎感裡？因爲那正是提出「回到初心」的當下，正在體驗的內涵。

95. 或「回到初心」和這種精神碎片是無關的，而是回到一群人可以合作，或如比昂所說的「工作團體」（work group）的經驗，那已經對「基本假設團體」（basic assumption group）的破碎離散，有過處理和安頓了，而後才有「工作團體」的形成，做爲一群人合作順暢的起點。

96. 談論這些假設和想像是爲了什麼呢？對我來說，如果聯想到臨床的心理工作，就涉及面臨這些說法時，我們做

爲臨床工作者，是要採取什麼樣的「態度」或「技術」呢？如果我先再來和比昂提及的「O」概念做連結，那是一種最後的狀態，目前都只是在becoming的過程裡。那麼當我們談論佛教的「究竟涅槃」，乍看是最後什麼都沒有的態度，我們是在中途站的何處，是會影響著我們如何看待，個案在此刻的某些愛恨情感呢？

97. 尤其是如果我們覺得，個案的那些愛恨似乎是無解的，只能如他們目前的重複打結，但是除了這些比喻，我們是否能在不同的中途，有著不同的比喻，來看個案這些無解，甚至可能「最後什麼都無法得到」的可能性呢？大致是不太可能，以「要放下」這種很難的自由或解脫做爲說詞，來勸服個案。或我們可能仍需要有這些說明，但是如果我們是在becoming，可以如往「究竟涅槃」境界的中途，那麼我們的說明會帶來不同層次的感受或感動，進而影響著個案對於自己的困境的感受？也可以有著不斷微調的變化過程，而這微調變化的過程可能和我們在becoming，可以自在和解脫的中途的某處，有著某些關聯？

98. 這些聯想有些抽象，如果化成具體的命題，則是當我們希望說清楚講明白時，是指有著愛恨分明，再加有著愛恨交織，然後開始想，如何讓愛恨可以分手，變成了心理工作的課題？

99. 我要談的是一個常見現象，何以愈想要去除「恨」，但結果是「愛」也同時被弄出去了？當事者甚至不知，愛與恨是一起被趕出去了，以為愛還留在自己身邊，但轉身卻只覺得空空的，不知「愛」也跟著被趕出去了，這是一種很奇特的錯覺。

100. 然後不久愛恨又再度回來而已，一起回來，好像它們始終是兒時玩伴，出門和回來都是手牽手。但那個叫做「自己」的卻一直想要分開它們，不曾成功過，因此成為一輩子的心理工作。有時更難的是，旁人覺得那些是「恨」，他或她卻覺得那是「愛」，有時剛好顛倒，這些都是好像無法弄清楚的愛和恨，卻是他們覺得了了分明的愛恨，而且堅持一定要把「恨」趕出家門。這是生命早年受創傷者的愛恨難題。

不生不滅：破碎的孤獨，比昂（Bion）苦苦尋找著心經的心聲？

101. 目前的理論大致是假設，「愛」和「恨」都各自是「完整客體」般了了分明，大致是某些古典論述的基礎，因此有著失去就是恨，而無法相信這是無言、禁語或失聲的領域，也可能是個「不知恨」的村落。但後來學習到貼標籤式的愛恨區分，雖在往後一般日常生活層面，和他人在溝通時需要這種區分能力。雖然實情上常是困難明白區分。

102. 在生命早年創傷者的「愛恨」裡，在當初可能是有著身體的各式記憶，但是後來心理勉強要分清楚愛恨，假設自己進入那領域後才能明白，並想要取得語言和命名的權力，這是心理可能初次遭遇的潛在經驗。

103. 一些模糊的情感，被後來的人生強行命名為「愛」或「恨」，卻忽略了對它們來說，生命起初的創傷，讓愛恨都以支離破碎的碎片方式存在，而混在一起很久了，如同相處久了的鄰居。我們是後來的愛恨的定義者，闖進那裡硬要它們分開，雖然它們仍是碎片般，不成完整字體清晰的「愛」或「恨」。

104. 因此愛恨被逼得分手，但它們是不完整的愛和恨，或破碎後再任意聯結而稼接出奇怪的字的樣子，也就是「愛」和「恨」的字體，在起初是被打碎了的，當我們說要愛恨分明時，它們卻硬要被分開。有可能某些「恨」字的一部分，卻被分在「愛」的領域裡，並且被稼接在某個「愛」字裡的某部分。也許就這樣，愛恨就更複雜了，接近臨床所見的模樣。

105. 這些破碎生命經驗，在往後人生或會談室裡呈現的樣貌，讓治療者也可能常被消融進他們的世界裡，彷彿不可思議般就被海浪捲進他們的精神碎片裡。

106. 以下論點很重要，雖前面有提到，我再微添想法。很可能誤以為在處理困難個案時，兩人之間潛在交流的「移情」和「反移情」，卻可能是如同液體或氣體的交流或交融，而這是治療者後來覺得疲累的可能原因，因為會陷進個案的創傷和困難的心智經驗裡。這不是如一般期待，可以事後分清楚，那些來自「移情」，那些來自「反移情」？如果有人覺得有把握可以區分，我反而會覺得那會有更高的風險，也就是自以為藝高膽大，而忽

略了困難度。

107. 可能需要有一個想像，來了解前述的困難度，關於和生命早年受創的患者工作時，可能就像處在大海裡要沉下去，而需要努力讓自己浮起來，有著某種更出力的反移情，而且那並不是界限清楚的客體互動，而是如水滴般部分客體的互動，不是如同「身體」和「水」有著不同的介面，而這種困局下的「移情」和「反移情」，可能是交流和交融的。最後當我們覺得挫敗時，意味著我們的「反移情」和個案的「移情」，是在一起難分難解了。

108. 如同個案的一生，我們被拉進去一起承擔那些受苦，只是我們以為那是來自個案的攻擊，但有很大的成分是來自於治療者的反移情，在處理生命早年創傷的患者時，由於常是「原始的」心智作用，如比昂所說的，精神碎片般的心智狀態，容易讓治療者的原始心智被召喚出來，彷彿水乳交流般混在一起。這種狀態可能是，當治療者想只以「移情」的角度來詮釋時，患者常是不買單，甚至是生氣的反應，覺得是治療者說或做了某些事

的緣故。這時候治療者可能傾向於自衛，覺得那只是患者的移情作用，這種論調反而讓兩人顯得遙遠了，好像治療者完全無關於患者的某些反應。雖有「反移情」的說法，但我們仍將自己當做只是一面鏡子。

109. 就實作來說，也許要更改概念為，不再只是以「你」如何如何來說明，而是需要先從想像，「我們」到底發生了什麼事的角度，來想像患者的反應？我相信有著以「我們怎麼啦」的思索方式，是更接近「移情」和「反移情」交互作用的處理方式和態度，而且這種想法和思索可能會帶來很大的改變。

110. 我主張在處理那些困難患者，尤其是有著特殊人格者所引發的問題時，更需要如是以移情和反移情是交融的，以「我們怎麼啦」來思索，而不是假設我們清楚反移情了，而以就是有著移情的主張，進行「你如何如何」的詮釋。也就是，只要進入會談的實境裡，大致得是以「我們此刻發生了什麼事」，或「我們此刻有著什麼在悄悄的進行著」，做為探索的起點。這會呈現不同的態度，也許才是關係上會有同在的感受的起點，雖然我並

不生不滅：破碎的孤獨，比昂（Bion）苦苦尋找著心經的心聲？

不認為，這一定要多做什麼，但由於態度的不同所衍生出來，會說什麼和如何說，會和只以「你如何如何」有所不同。

111. 另也涉及某種重要的態度，如何在失敗裡也有美學，也是有收獲並且是成就的起點？不是刻意失敗，而是面對困難情境的必然失敗，如同面對人最後必然的死亡，我們還在設想如何來發展這種態度。畢竟處理那些困難個案時，是很難以成功做為標的，或者什麼是成功，都需要重新想像和定義。這種情況在處理那些酒藥癮者時，漸漸改為合乎現實的以「減害」做為主要目標，而不是過度的期特。意味著問題的重複出現，已是大家所認識到的實情，如同人必然不可避免走向死亡，如何在這種必然性裡，仍有生機地過著生活呢？

112. 也許有人會覺得，前述患者就不適於分析或治療。不過如果想法轉換為，以精神分析已有的經驗和態度做基礎，來看能夠多想些什麼，如同當初精神分裂症者，被佛洛伊德說缺乏移情，無法被分析，而被放在精神分析的適用範圍之外。但自從克萊因和她的學生們的努力，

對於精神病患者的理解，有了不同於以前的經驗，我相信這種情況也將適用於，我們目前臨床遭遇的，特殊人格者的問題呈現方式，也許症狀上是更多樣，如果是以人格做爲基底，來做觀察和尋找可以合作發展關係，並能逐漸多談一些事的方式，這些經驗將會對於理論實作和態度，可以帶來某些細緻的調整。（The End）

蔡榮裕

精神科專科醫師
思想起心理治療中心心理治療資深督導
臺灣心理治療個案管理學會理事長
臺灣分析治療學會理事長
臺灣精神分析學會名譽理事長
台灣精神醫學會精神分析次專科學術委員會召集人
台灣精神醫學會學術暨節目委員會學術節目小組委員
薩所羅蘭分析顧問
臺灣醫療人類學學會會員
高雄醫學大學阿米巴詩社社員
聯絡方式：roytsai49@gmail.com

野草裡尋得到不生不滅的本來面目嗎？
與談人：尤韻涵

　　去年底接到這個工作坊與談人的任務以後，對於這超乎想像的材料組合實在感到毫無頭緒。只聞其名的貝克特與精神分析界的思想家Bion聯名就已是夠有挑戰，竟還要加上《心經》作伴，不免幻想兩位老人家一邊打禪修持開悟之道、一邊孕育啟發世人的作品這樣的奇異畫面。另一方面卻也不覺違和，畢竟在浩瀚的精神分析宇宙學習，就像是遁入「佛」門修行一樣的永無止盡。細細品味這些文獻材料後，也發現其中相互應和的哲思處處可見。

《Not I》絕對不是我

　　這樣此地無銀三百兩的宣告，讓人一進入《不是我》的劇本中，就清楚知道這些說出來的內容都是關於這張訴說之口的主體，只是用一張看似脫離了身體、分裂出來的孤立之口傾瀉而出。它訴說著一位愛爾蘭老婦人的悲涼身世，經由它的敘述，得知在說話同時還伴隨著惱人的嗡嗡聲，中途有五次彷彿自言自語一般地中斷「什麼？誰？不！是她！」。

使用「口」而不是嘴巴，來自這個象形字呈現的想像：孔洞、通道，可以是通往腸胃的嘴、子宮的產道、排泄的肛門、通往過去創傷的時空蟲洞，甚至它就像是Bion的「O」。

在撰文的此刻正發生奇特的共時性，辦公室樓上住戶突然風風火火地鑿起牆壁，一時之間轟轟作響，我不得不塞起耳機築起一道不夠堅實的音牆試圖對抗，以保護思緒能力不至瓦解，噪音仍免不了在樂音休止之際入侵。這讓我想到有時候個案沒說出口的比說出口的更為重要也更具威脅性，如同腦中揮之不去的噪音，以致於需要使用強而有力的防衛工具，想辦法將這些聲音掩蓋，保護自我不受可怕且難以承受的現實攻擊而崩解。如同Steiner提出的精神避難所（psychic retreat），劇中的口彷彿在「不是我」的堅決保證下得以滔滔傾瀉。

「《不是我》充斥著刪節號，並被它們占據了主導地位。在不到九頁的文本中，有 746 個刪節號。」（Moore, 2017）在閱讀文本時，這些刪節號時時將試圖建構理解的思緒打斷，詞語之間充滿空隙，我想像著口吃且斷續的敘述方式。「真正的刪節號是無法被感知的……被省略的內容——刪節號的內容——並非不重要。沒有提及的事件可能非常痛苦，因此它被省略了。或者，該事件很難用語言表達，因此

不生不滅：破碎的孤獨，比昂（Bion）苦苦尋找著心經的心聲？

最好保持完全沉默。另一種可能性……是雖然事件已經發生，但主角想要否認這一事實的情況。通過對此保持沉默，試圖撤銷（undo）它。」（Moore, 2017）

　　觀看被拍攝成影像的演出，與閱讀文字又有另一種感受。我想像在劇院直接觀賞演出的整體感受又會是另一種體驗，牽涉到不同層次的感官參與。我在youtube上找到1977年被拍成電影的版本，是由貝克特當年親自指導表演方式的Billie Whitelaw演出。這些刪節號在演出中是聽不見的，能夠聽見的是破碎又快速的浪花，刪節號隱身在詞語間的切分。「在刪節號中，語言鍊和線性時間停止了。」截斷的語言和碎片記憶無法通往未來，這也暗示了關於創傷經驗的內在狀態。「你越遠離受損的客體，它在內心世界中的尖叫聲就越大，並且必須通過分裂和躁症防禦來避免更多的內省。」（Moore, 2017）

　　文字與影像帶給我的不同感受，也讓我在想，這張嘴在說的，究竟是腹瀉式消化不良、還是蠕動太慢出不來的排便不順？或者這也是（如上午的討論）得了胃潰瘍的心靈的胃呢？有時候，個案說出來的與行動展現的有所差異，那麼該看的是哪一面？還是更重要的是，看見這無法運作的心靈器官是怎麼回事？

黑暗中的夜視能力

　　《不是我》在劇院演出時，讓觀眾沉浸在極端的感官體驗中，通過將劇院淹沒在黑暗中來強化相遇的體驗。這種黑暗的影響是巨大的——迷失方向、令人不安，甚至像做夢一樣。Billie Whitelaw回顧 1973 年《Not I》在皇家宮廷劇院的首演，指出了沉浸在黑暗中對劇院觀眾的影響：

　　「我們無路可逃，因為我們關掉了所有的燈。我們違反了所有規則，把出口燈和女士廁所燈上的所有燈泡都拿走了，因為人們試圖逃進廁所。他們必須擺脫這張不肯放手的無情之嘴。」（*Billie Whitelaw, 1977*）

　　這張叨叨絮絮發出急促而刺耳聲響的口，並非只是自言自語，在貝克特的劇本裡安排了一位如如不動的聆聽者角色，只有四次透過手臂的輕微動作與口互動。雖然在後來在劇場演出後，貝克特因為呈現上的困難而刪掉了這個角色，但實際上台下的觀眾共同參與了這個聆聽者的角色。

　　「聆聽的行為在聆聽者的角色中變得臨在而具體，他保持沉默……足以讓我們辨認出另一個存在——我們的替身或另一個我們，同樣從事傾聽的行為。」（*Moore, 2017*）

　　在這個極具渲染力的戲劇中，觀眾被帶入這種想像中的

　　不生不滅：破碎的孤獨，比昂（Bion）苦苦尋找著心經的心聲？

身分及恐怖的邊緣，散布在頁面上的刪節號，現在像黑色的眼睛，縈繞在場景／所見之中。讓人想起Bion在光線暗淡時觀看網球比賽的比喻：

「這種病人具有不同的視覺能力，使他能夠看到我看不到的東西。作爲精神分析師，我們必須能夠看到這是一場網球比賽，同時要能夠調暗燈光，關掉光輝的直覺，看到這些（網子上的）孔洞，包括它們是如何被編織或聯接在一起的。」（*Bion, 1990*）

調暗燈光以看見個案所見的，也如同Bion的無憶無欲，沒有過去也沒有未來，而是進入此時此刻的經驗。比起將個案拉到詮釋的光亮裡讓個案因難以承受而睜不開眼，從Bion的主張出發，是先要能進入個案的世界裡適應黑暗，看見本來看不見的。

Not I: Knotted I　被否定的我，也是糾結不堪的我

這些破碎糾結的語言，也可以說是β元素尋找可以傾洩的洞，尤其是在靠近春天、生命重生之前的冬季，這種衝動更加強烈，我們在這裡的一切討論、試圖理解的過程，似乎也像是作爲container的容器，試圖在這些破碎裡尋找能夠

得以描述的 語言。但是這位七十多歲的女性還沒有找到她的活生生容器（即使貝克特為她安排了一位具有憐憫的聆聽者），這使得她越接近真實自我、越加強烈拒斥。

Bion認為人的心智能夠產生自己的外殼，用來抵制發展與變化。假如這位女性在這漫長人生中建立一種生存方式，也就是啞口無言的方式、以及解離分裂的機制，這是她心智的殼、用來保護她免於崩解，但是「人們越認同殼，越覺得有些可怕的事正在發生。因為外殼正在裂開，而他們不認識雞。」我相信這滔滔不絕的孔洞流淌出來的也是真實內在的發展渴望，似乎有一股動力驅使，在春天即將來臨之前，需要如此回顧她的一生。或許她等待春天來臨、等待真我能夠被接生，如同野草裡的雲雀等待破殼。

上午明智提到《克拉普》劇本如詩如畫的描繪，像是理想化的記憶。對照《不是我》的破碎與難入口，則是面對創傷的不同形式防衛樣態。這也連結到瑞君上午的另一個聯想，關於被記錄封存的記憶如同凍卵一般，《不是我》的嘴比起這樣的叨叨絮絮，更多時候是啞口無言，那也像是一種封存。只是到底凍的是卵子還是胚胎？那也許是關於時間點的問題，創傷的發生是在與客體關聯的何種狀態下，而以不同的精神樣態顯現。

〈本來面目〉

　　雲雀的巢在野草裡，埋入野草是想回到媽媽的子宮，或者回到一切發生之初？那或許也很接近涅槃？

　　據說Whitelaw在舞台上得罩住雙眼、臉部塗黑綁在高台上的椅子，是為了避免說話時身軀的晃動（照片上看來那多像古代的刑具），也為了進入主角真實的受困感受。她必須克服看不見的恐懼，和自己獨處。2005年開始演出貝克特劇本的Lisa Dwan，幾年後和Whitelaw見面時交換了彼此的「戰壕故事」，一致認為，最困難的部分是試圖控制和壓抑自己內心的「不是我」。Whitelaw在1977年也宣布再也不演出這部劇，否則她會發瘋。

　　我想這或許就像在治療室裡面，當治療師接收來自個案很原始的投射認同，試圖進入個案內在真實的過程，所引發的不只是反移情，同時也可能誘發自己內在的psychotic part，使得工作困難重重。我想像，當年Bion與貝克特相遇時，或許也產生了類似的現象。

　　若借用Winnicott的理論概念，藝術的領域是屬於過渡空間的「玩」，在這既是內在也是外在的劇場空間，試圖讓無限變得有限，演員遵守貝克特給予的指示：不要演、沒有

顏色、用思考的速度說話。Bion認為「我們無法知道心理現實，除非你『成為』它」（蘇曉波譯，2014）。藉由演員如此出自真實的表演，會喚起觀者內在相通的深層體驗，或許也是接近O，也就是終極現實的時刻。在劇場裡用演出呈現，在治療室裡則是個案的語言、情感或行動劇，加上治療師的這些的總和。

Bion提到的「負向能力」，那是「一個人能夠待在不確定中、待在神祕的謎團中、待在懷疑中，一點也不著急找到事實和理由的時刻。」無論是文字閱讀劇本或是觀看影片，這部劇都很需要這樣的等待不確定的能力。Bion也強調，這不是在分析進行前馬上進入的心理準則，而是一種生活方式。這種態度也頗有放下執念的禪意。

聖嚴法師的紀錄電影片名《本來面目》，指的是「離開了生死現象（感官身體的），既不生也不死，既無生也無滅的本來面目，是人人本具的。⋯⋯那就是放捨諸相之後，當下便能夠發現自己的本來面目。放下了自我中心的執著，心無所住、念無所繫，放捨諸相之後的大解脫、大涅槃。」「當你對於一切現象的執著心統統放下時，這是無法用語言文字來表達、來思索的如實境，所以叫作不立文字，也稱為不可思議的悟境了。」（聖嚴法師，2019）

不生不滅：破碎的孤獨，比昂（Bion）苦苦尋找著心經的心聲？

有些呈現很原始心智的個案，會讓人感覺到，似乎真我很早就被扼殺。如果心早就死了的話，剩下的就是幽魂了，治療中要做的就像是了解這幽魂未了的心願、要託夢的內容，想辦法超渡（此岸到彼岸），而治療中的超渡是離開強迫性重複的輪迴，也許也像是在精神上的重新投胎再出生。然而，個案往往會在出生之門之前躊躇不前，對於出生、破殼有著無法形容的恐懼。但是假如那是無法言語的恐怖，治療師又有何能耐去言說呢？假如無法言說，又該如何進行治療工作呢？這讓我想到蔡醫師在前文中提到的，「最終什麼都沒有，是指向未來、還是生命原初的狀態？」，「當我們在談論佛教的『究竟涅槃』，這種乍看是最後什麼都沒有的態度，我們是在中途站的何處，是會影響著我們如何看待，個案在此刻的某些愛恨情感呢。」

關於在這中途站的工作，蔡醫師提到了跳脫移情、反移情的模式，思考治療當下的兩人：「我們怎麼啦」。於是這或許是另一種我執的放下，而在治療裡要經驗的所謂的本來面目，也許可以想成是從整個治療關係為出發的，以此作為探索的起點。

參考文獻:

1. Bion, W.R. (1990). Brazilian lectures. London, England: Karnac.
2. Moore, K. (2017). Theatre of the Hole- Encounter and its Psychic (K)nots. Division Review 16:45-48.
3. 蘇曉波譯（2014）。等待思想者的思想:後現代精神分析大師比昂。心靈工坊。
4. 聖嚴法師（2019）。聖嚴法師教默照禪。法鼓文化。

網路資料:

1. Lisa Dwan (2016). Mouth Almighty: How Billie Whitelaw Helped Me Find Beckett and 'Not I'. (https://www.americantheatre.org/2016/04/12/mouth-almighty-how-billie-whitelaw-helped-me-find-beckett-and-not-i/)
2. Billie Whitelaw (1977). A wake for Sam. BBC. (http://www.youtube.com/watch?v=M4LDwfKxr-M)

尤韻涵

精神分析取向心理師
心樂活／心悠活／心自在診所諮商心理師
臺灣精神分析學會會員

不生不滅:破碎的孤獨,比昂（Bion）苦苦尋找著心經的心聲?

附錄一
2023.09.17 戲劇、佛經與精神分析

1. 貝克特《克拉普的最後錄音帶》《不是我》
2.《心經》
3. 臨床案例討論（Bion）

【薩所羅蘭】精神分析的人間條件15（以線上視訊方式）
戲劇、佛經與精神分析

以文會友[臺灣精神分析學會]的朋友
標題：不生不滅：破碎的孤獨，比昂（Bion）苦苦尋找著心
經的心聲？
時間：2023.09.17周日08:45-17:20
1.貝克特《克拉普的最後錄音帶》（Krapp's Last Tape）、
　　《不是我》（Not I）
2.《心經》
3.臨床案例討論（Bion）

註：Bion的臨床案例討論，以Tavistock Seminars（電子檔有在共
　　筆「Bion的閱讀材料」裡）的八場問答討論為主。每一
　　場以一篇來做基礎，例如第一場以seminar one；第二場
　　是seminar two；餘類推……

另在共筆裡有一本書Reading Bion，是Rudi Vermote
的著作（不能讓他知我們下載他的書 哈）是一本相當好的參
考書。）

以大家的臨床經驗就足以有不錯的討論了，這些文獻只
是引子，來勾出各位的經驗和想法。因此仍請feel free的來
進行卽可喔，看多少是多少。

以文會友[臺灣精神分析學會]的朋友：邱錦榮（台大外
文系名譽教授）、丁耕原、葉安華、吳立妍、廖偉翔、李玉
婷、尤韻涵、邱高惠美、彭惠怡、詹婉鈺。

計劃如下：

1. 整個研討會就是以人出發，不必然是從理論出發，從比昂
   和貝克特兩人的經驗做我們想像的起點。再加上心經做爲
   思索的背景。

不生不滅：破碎的孤獨，比昂（Bion）苦苦尋找著心經的心聲？

2. 早上的《克拉普的最後錄音帶》（Krapp's Last Tape）和下午的《不是我》，都會先請前台大文學院院長邱錦榮教授，先做十五分鐘的開場介紹，她也會全程參與和大家的討論。

3. 主要報告者的文章（每篇約六千字），會希望至少在活動前兩周寄給你，但實情上人的完美期待很可能不如此而是到了最後幾天也有可能因此我們建議你依著資料先書寫約二千，現場可報告十分鐘，你當然可以寫更多文字做為後續討論用，不過口頭報告就以十分鐘為限。

4. 工作坊討論型式是，每場的論文作者會先簡報十五分鐘，接下來請各位評論十分鐘報告。每場次接下來有十五分鐘的自由討論，討論過程會錄音，事後來處理成文字，再請發言者修改。

5. 報告者的文章和評論文字，會整理成為一本書的內容來出版。

6. 預計是一天有八場，每場約五十分鐘，你評論其中一場，但期待你全程參加，並參與所有場次的討論。場次安排請看後續內容。請各位以自由的心情和態度，來自由的發言。

7. 我們會建構一個共同的臨時群組做會前的討論用另也會建

構一個google word的共享內容會放一些文獻，參考的文獻就只是參考，你能看多少都是可以的，發言不必然限在比昂的論點。我們請你們來，是你們已經是有經驗的人了，來自由地交換想法才是主要目的。

8. 我們構想議題是以談論Bion，和諾貝爾文學獎的貝克特（Samuel Beckett），《克拉普的最後錄音帶》、《不是我》為內容。隨文也附上相關文獻供各位參考，以Bion和貝克特的關係和想法的幾篇論文為主。整個研討會就是以人出發，不必然是從理論出發，從比昂和貝克特兩人的經驗做我們想像的起點。

9. Bion的臨床案例，有巴西、義大利Tavistock等，不同案例討論會的叢書，從其中選擇八場討論的紀錄，以每場一個案例討論為主，會在共筆上舖出相關案例。

10. 我們不必是以比昂或貝克特專家的方式來進行，我們的文章只是以比昂和貝克特這兩個人的故事做為引子，讓我們可以交流討論各自的臨床經驗和想法。不必然限定在比昂的論點，我們也無法完整介紹比昂，我們只是借用某些想法做基礎，稍為圍繞在比昂周圍，但不限定在這。我們期待是，大家可以更自由的依著自己的經驗來想像和交流，我們也相信這些想法都有這時代的價值，

值得變成文字而保存下來。

註：可以從網路上找到這兩部戲劇的影片。另我在共筆裡也
　　會有一些網路搜尋的資料，尤其《不是我》資料很少，
　　只找得到來自中國的簡體字，我也附出來供參考。
　　至於心經，我建議的新解說明，聖嚴法和一行禪師的論
　　點。都可以在網路上找到一些資料，也有紙本書可以買
　　得到。比昂的臨床案例，我會在共筆裡列出八場討論內
　　容，每位依序以一篇做為主要論述的內容即可。如果能
　　多看其它的，也是歡迎的在討論時會更有想法。

參考資料：

例如

公案100　聖嚴法師 著

（ｈｔｔｐ：／／ｗｗｗ．ｂｏｏｋ８５３．ｃｏｍ／ｓｈｏｗ．
ａｓｐｘ？ｉｄ＝147&ｃｉｄ＝34）

佛教與心理治療藝術（河合隼雄，心靈工坊出版）

高山寺的夢僧（河合隼雄，林暉鈞譯，心靈工坊出版）

心經（一行禪師）

心經（聖嚴法師）

上午《克拉普的最後錄音帶》（主持人：蔡榮裕）

引言人：邱錦榮（台大外文系榮譽教授）

報告人：王明智、郭淑惠、陳建佑、王盈彬

與談人：丁耕原、葉安華、吳立妍、廖偉翔

下午《不是我》（主持人：王盈彬）

引言人：邱錦榮（台大外文系榮譽教授）

報告人：黃守宏、劉玉文、劉又銘、蔡榮裕

與談人：李玉婷、邱高惠美、彭惠怡、尤韻涵

前言：

　　將貝克特這兩部戲劇和心經，及比昂的臨床討論會的會後記錄，放一起來談，最終的目的是藉由三種乍看不同的領域，拼在一起交流是否會有什麼有意義的想法會跑出來？那對寫者個人是項成就，然後再經由一天的集體討論和交流，也許再有新的觀點浮現。我們是以更著重這些交流，所引發的新意做為目標，而不全然是為了回憶，但是我們也會把我們的文字，整合成一本書做為未來的回憶。

　　這些回憶在未來會是什麼感受，是無法預測的，只是就覺得留下這時刻大家的想法，不論大家使用精神分析的理

不生不滅：破碎的孤獨，比昂（Bion）苦苦尋找著心經的心聲？

念，來看和談自己的工作經驗是有多久了，都有著重要的意義，而這更是期待對於未來新的人可以有所啟發。

另我們也相信，在讀過心經的現代版的解讀後，各位會發現心經裡的理念，其實就算不覺得自己有仔細看過佛經，都可能會經驗到原來那些概念在台灣是根如此的深，而早就影響著我們自己，是如何吸引精神分析這些外來的語彙？也可以有機會發現，原來目前的精神分析取向之外的，其它治療模式的概念裡，也隱含著不少來自早以內化這塊土地的一些說詞了，歡迎大家一起來經驗這種驚訝感。

而在談論我們的書寫做為記憶的想法時，有趣的是，這次工作坊裡貝克特的《克拉普的最後錄音帶》有著異曲同工呢，雖然這部戲談的可能是記憶、回憶和孤獨，以及它們之間的某些難題，加上比昂的臨床案例裡，閱讀著那些也是錄音再經整理的文字記錄，以及在這些文案裡可以看見，比昂是如何直覺地回應報告者的疑問和想法。

也許我們學不來，也不必要模仿，但是這些記錄裡是以對話方式呈現，而不是論文型式，自然也有著重要的意義。也許可以說比昂的回應方式，有些像是禪宗公案裡那些故事，老和尚如何回答小沙彌的問題？不論是多麼小的問題，總有著可以細想的深意，而這些是否能透過邏輯論理的方式

來習得，或者是需要邏輯推論之外的其它型式，來獲得改變或蛻變？

　　貝克特的《克拉普的最後錄音帶》裡，就在深夜，他生日的這一天，克拉普總是獨自待在房間裡，錄製他每年生日時的想法。他想要留下一些記憶，當做未來的回憶，但是記憶和回憶之間，卻在他七十歲生日這天，有了不太一樣的變化。也許這變化每年都有，但是要會影響他自己，也許需要時間，但是時間是什麼呢？克拉普如以前在這天準備了錄音帶，想要說說這一年的某些記憶，他從年輕時就開始這麼做了，當他聽著以前的錄音帶，卻有時覺得無法辨識出那聲音裡，說的是否是自己？對於那聲音裡傳來的對未來的抱負和期待，如今聽來卻覺得只能苦澀地笑著。

　　何以克拉普需要做這些錄音呢？也許有著孤獨，有著想要捕捉住什麼，做為未來回憶時，可以覺得和過去依然有著連結的，如Winnicott所說的「存在的連續感」（continuity of being）。但是聽到錄音裡的某些語彙和場景，似乎那曾是重要的，而被說而紀錄了下來，但是此刻再聽卻是無法回憶起，那些語詞和情境的真正意涵了。這是多麼複雜的心情啊，也就是記憶未被完全留住，而更無法回憶所聽到的內容了，而何以這是最後的錄音帶呢？

　　不生不滅：破碎的孤獨，比昂（Bion）苦苦尋找著心經的心聲？

至於貝克特的《不是我》，是暗黑舞台只有一張紅嘴唇的嘴巴，說著自己的人生經驗，是從小被父母拋棄的小孩，長大後的自述。以貝克特嚴格要求的方式，說著劇中的心聲，更像是要說出人世間相同經驗，內心深處的聲音。《不是我》並非是人的獨白，而是部分客體嘴巴的獨白，老婦人以第三人稱說著，其實是自己的故事，回憶生命早年的創傷事件，在孤兒院長大，平時沉默卻在這時如山洪般，流洩著心聲，或者只是說話，是不是心聲卻是另一件事情了。她也覺得驚訝，怎麼會說這麼多，彷彿有股不自知的力量推動著，她的嘴巴說著零散破碎的人生故事。

　　我們就這樣，無論是比昂的案例討論，也是錄音事後的討論內容，也是破碎的直覺式反應，讓我們在這些不同的聲音和破碎的孤獨裡，尋找是否有著心經的心聲，也曾流過自己的心中，只是我們不知道那是什麼？

不生不滅：破碎的孤獨，
比昂（Bion）苦苦尋找著心經的心聲？

（上午場）貝克特《克拉普的最後錄音帶》（主持：蔡榮裕）

0.08:45-09:00 邱錦榮（台大外文系榮譽教授）引言

1.09:00-09:50 不生不滅：在那聲音中，卻無法辨認出那就是他自己（王明智心理師）（與談人：丁耕原心理師）

2.09:50-10:40 不垢不淨：文字和錄音只能幫助回憶，卻不是記憶本身（郭淑惠心理師）（與談人：葉安華心理師）

3.10:40-11:30 不增不減：時間、記憶、回憶，以及深層孤獨裡的幽默（陳建佑醫師）（與談人：吳立妍心理師）

4.11:30-12:20 無受想行識：年華老去，依然用心自己，希望體面過每一天（王盈彬醫師）（與談人：廖偉翔醫師）

（下午場）貝克特《不是我》（主持：王盈彬）

0.13:45-14:00 邱錦榮（台大外文系榮譽教授）引言

5.14:00-14:50 無眼耳鼻舌身意：不是我，嘴巴屬於老早就擦擦屁股走人的父親（黃守宏醫師）（與談人：李玉婷心理師）

6.14:00-14:50 無苦集滅道：不是我，嘴巴屬於嬰孩時唯一的那次哭泣（劉玉文心理師）（與談人：邱高惠美社工師）

7.15:40-16:30 無智亦無得：不是我，嘴巴屬於生命中所有日子的啞口無言（劉又銘醫師）（與談人：彭惠怡心理師）

8.16:30-17:20 究竟涅槃：不是我，嘴巴屬於臉埋在野草中除

  不生不滅：破碎的孤獨，比昂（Bion）苦苦尋找著心經的心聲？

了雲雀什麼都沒有（蔡榮裕醫師）（與談人：尤韻涵心理師）

附錄二
薩所羅蘭團隊

【薩所羅蘭的山】

陳瑞君、王明智、許薰月、劉玉文、魏與晟、郭淑惠、何眞維、陳建佑、劉又銘、謝朝唐、王盈彬、黃守宏、蔡榮裕

【薩所羅蘭的風】（年輕協力者）

彭明雅、白芮瑜、王慈襄、張博健

【薩所羅蘭的山】
陳瑞君

　　諮商心理師
　　臺灣分析治療學會發起創會會員
　　臺灣精神分析學會會員
　　臺灣醫療人類學學會會員
　　臺灣精神分析學會推薦精神分析取向心理治療師
　　臺灣精神分析學會《台北》心理治療入門課程召集人
　　松德院區《思想起心理治療中心》心理治療督導
　　國立臺灣師範大學教育心理與諮商所博士班研究生
　　聯絡方式:intranspace@gmail.com

王明智

諮商心理師
臺灣精神分析學會會員
《小隱》心理諮商所所長
臺灣分析治療學會決策創意團隊（Executive Committee）成員
臺灣分析治療學會發起創會會員
臺灣精神分析學會推薦精神分析取向心理治療師
臺灣精神分析學會影音小組成員
松德院區《思想起心理治療中心》心理治療督導

許薰月

諮商心理師
巴黎七大精神分析與心理病理學博士候選人

劉玉文

諮商心理師
看見心理諮商所 治療師
亞洲共創學院　總經理／資深職涯顧問
臺灣精神分析學會會員
聯絡方式：backtolove99@gmail.com

魏與晟

諮商心理師
躺椅上的貓心理諮商所所長

臺灣精神分析學會會員
精神分析臺中慢讀學校講師
前松德院區思想起心理治療中心心理師
國立臺北教育大學心理與諮商研究所碩士

謝朝唐

精神科專科醫師
中山大學哲學碩士
巴黎七大精神分析與心理病理學博士候選人

劉又銘

精神科專科醫師
台中佑芯身心診所負責人
臺灣分析治療學會發起創會會員
臺灣精神分析學會推薦精神分析取向心理治療師
精神分析臺中慢讀學校講師
聯絡方式：alancecil.tw@yahoo.com.tw

陳建佑

精神科專科醫師
臺灣精神分析學會會員
精神分析取向心理治療師
臺灣心理治療個案管理學會會員
臺灣分析治療學會理事兼決策創意團隊成員
高雄市佳欣診所醫師

不生不滅：破碎的孤獨，比昂（Bion）苦苦尋找著心經的心聲？

聯絡方式：psytjyc135@gmail.com

王盈彬

精神科專科醫師
精神分析取向心理治療師
臺灣分析治療學會決策創意團隊（Executive Committee）成員
臺灣分析治療學會發起創會會員
臺灣精神醫學會會員
臺灣精神分析學會理事
臺灣心理治療個案管理學會常務監事
臺灣精神分析學會《台南》心理治療入門課程召集人
英國倫敦大學學院理論精神分析碩士
王盈彬精神科診所暨精神分析工作室主持人
聯絡方式：https://www.drwang.com.tw/

黃守宏

臺北市立聯合醫院松德院區精神科主治醫師
前臺北醫學大學附設醫院精神科暨睡眠中心主治醫師
前臺北醫學大學學生事務處學生輔導中心主任
臺北醫學大學醫學系專任講師
臺灣分析治療學會決策創意團隊（Executive Committee）成員
臺灣分析治療學會發起創會會員
臺灣心理治療個案管理學會理事
臺灣精神分析學會會員
臺灣精神分析學會台北春秋季班講師

松德院區《思想起心理治療中心》心理治療督導
美國匹茲堡大學精神研究中心訪問學者

郭淑惠

諮商心理師
新竹《心璞藝術》心理諮商所所長
精神分析取向心理治療師
臺灣分析治療學會候補理事
臺灣精神分析學會會員
臺灣藝術治療學會專業會員
松德院區《思想起心理治療中心》心理治療師
台北市立大學教育學系教育心理與輔導組博士
聯絡方式：xinpu48@gmail.com

何眞維

諮商心理師
松德院區思想起心理治療中心臨床學員、治療師學員
大隱諮商所心理師
臺灣精神分析學會會員

蔡榮裕

精神科專科醫師
思想起心理治療中心心理治療資深督導
臺灣心理治療個案管理學會理事長
臺灣分析治療學會理事長

臺灣精神分析學會名譽理事長
台灣精神醫學會精神分析次專科學術委員會召集人
台灣精神醫學會學術暨節目委員會學術節目小組委員
薩所羅蘭分析顧問
臺灣醫療人類學學會會員
高雄醫學大學阿米巴詩社社員
聯絡方式：roytsai49@gmail.com

【薩所羅蘭的風】（年輕協力者）

張博健

諮商心理師
精神分析取向臨床工作者
臺灣分析治療學會會員
臺灣心理治療個案管理學會會員
聯絡方式：bojianchang@gmail.com

白芮瑜

諮商心理師
國立臺灣大學學務處學生心理輔導中心專任心理師
古意心理諮商所兼任心理師
臺灣心理治療個案管理學會祕書長
臺灣分析治療學會會員

彭明雅

諮商心理師
臺灣心理治療學會祕書
《昱捷診所》諮商心理師
《士林身心醫學診所》合作心理師
臺灣分析治療學會會員
臺灣心理治療個案管理學會會員

王慈襄

諮商心理師
法務部矯正署臺北看守所　專任心理師
臺灣分析治療學會會員
臺灣心理治療個案管理學會會員
前臺北榮民總醫院向日葵學園（兒童青少年日間病房）特教個管
老師
附錄三
與談人介紹
邱錦榮、丁耕原、葉安華、吳立妍、廖偉翔
李玉婷、邱高惠美、彭惠怡、尤韻涵

邱錦榮

臺灣大學外文系名譽教授
前臺大文學院副院長
前臺大外文系系主任
前臺大國際學術交流中心主任

不生不滅：破碎的孤獨，比昂（Bion）苦苦尋找著心經的心聲？

曾擔任臺灣莎士比亞學會會長

「世界莎士比亞書目」國際委員會通訊員

丁耕原

精神分析取向心理治療師

蘭心診所／沛智心理治療所臨床心理師

部定講師

臺灣心理治療個案管理學會會員

臺灣精神分析學會會員

葉安華

諮商心理師

中原大學諮商中心主任

中原大學通識教育中心助理教授

北一區大專校院學生輔導工作協調諮詢中心委員

臺灣精神分析學會會員

臺灣心理治療個案管理學會理事

桃園市諮商心理師公會理事

吳立妍

諮商心理師

精神分析取向心理治療師

晴禾心理諮商所合作心理師

馬大元診所合作心理師

陽明交通大學健康心理中心兼任心理師

臺灣精神分析學會會員

廖偉翔

臺大醫院精神醫學部研修醫師
臺灣精神分析學會會員

李玉婷

安境心理諮商所 所長
臺灣精神分析學會推薦治療師
中央大學／臺北商業大學兼任心理師
桃園市諮商心理師公會理事

邱高惠美

心樂活／心悠活診所社會工作師
臺灣心理治療個案管理學會會員
臺灣精神分析學會會員
台南精神讀書會工作小組

彭惠怡

諮商心理師
精神分析取向心理治療師
伴行心理治療所兼任心理師
聖功醫院兼任心理師
臺灣精神分析學會會員

尤韻涵

精神分析取向心理師
心樂活／心悠活／心自在診所諮商心理師
臺灣精神分析學會會員

國家圖書館出版品預行編目資料

不生不滅：破碎的孤獨，比昂（Bion）苦苦尋找著心經的心聲？／邱
錦榮、王明智、丁耕原、郭淑惠、葉安華、陳建佑、吳立妍、王盈
彬、廖偉翔、黃守宏、李玉婷、劉玉文、邱高惠美、劉又銘、彭惠
怡、尤韻涵、蔡榮裕 合著. -- 初版. -- 臺北市：薩所羅蘭分析顧問有限公
司, 2024.8
　　面；　公分---【薩所羅蘭】精神分析的人間條件 15
　ISBN 978-626-98126-5-3（平裝）
　1.CST: 精神分析　　2.CST: 文集
　175.7　　　　　　　　　　　　　　　　　　　　113007816

【薩所羅蘭】精神分析的人間條件 15

不生不滅
破碎的孤獨，比昂（Bion）苦苦尋找著心經的心聲？

作　　者	邱錦榮、王明智、丁耕原、郭淑惠、葉安華、陳建佑
	吳立妍、王盈彬、廖偉翔、黃守宏、李玉婷、劉玉文
	邱高惠美、劉又銘、彭惠怡、尤韻涵、蔡榮裕
校　　對	張博健、白芮瑜
發 行 人	陳瑞君
出版發行	薩所羅蘭分析顧問有限公司
	106480臺北市大安區復興南路二段285號3樓之1
	電話：0928-170048
設計編印	白象文化事業有限公司
	專案主編：陳逸儒　經紀人：徐錦淳
經銷代理	白象文化事業有限公司
	412台中市大里區科技路1號8樓之2（台中軟體園區）
	出版專線：（04）2496-5995　傳真：（04）2496-9901
	401台中市東區和平街228巷44號（經銷部）
	購書專線：（04）2220-8589　傳真：（04）2220-8505
印　　刷	基盛印刷工場
初版一刷	2024年8月
定　　價	380元